言葉に頼らない
コミュニケーション力
を育てる

自閉症スペクトラムの子どもと「通じる関係」をつくる関わり方

牧 真吉
Maki Shinkichi

明石書店

＊はじめに

✻言葉以前のコミュニケーション

「うちの子どもは言葉が遅いんです」
「ところでその子とはどのぐらい通じますか」
「えっ、言葉がないのですから通じませんよ」

ちょっと待ってください。最初から言葉がわかるようになってしまうのでしょうか。言葉はどのようにして身につけていくのでしょう。言葉がわかるようになる前に子どもはわかるようになっていて、そこに言葉がついてくるのではないでしょうか。

生まれたばかりの赤ちゃんとはつながることができるのでしょうか。赤ちゃんはどのぐらいわかっているのでしょう。笑顔と笑顔で交流できるようになってきましたか。目でもってお話ができるようになりましたでしょうか。交流ができるようになったからこそ赤ちゃんは言葉の意味をいくらかわかるようになっていきます。

コミュニケーションの発達です。

自閉症と言われるような病気はいろいろ概念が変遷してきましたが、今、共通概念になっていることは発達障害に分類するようになりました。脳の障害があるために発達のある部分が阻害されていると考えています。コミュニケーションの障害があることも共有されています。

発達障害とコミュニケーションの障害をつないでみて、コミュニケーションの発達が遅れていると考えてみたらどうでしょう。まだ言葉が出てくる以前のコミュニケーション、「いない、いない、ばあ」をどのぐらい喜んでくれたでしょう。喜んでのってきてくれていると、ある程度のコミュニケーションはとれていそうです。声を聞くと振り向く赤ちゃんですと、声でコミュニケーションがとれそうですね。

言葉が生まれてくる以前にこうしてコミュニケーションが始まっています。言葉はなくとも、おおむね通じ合っている感じがあり、こちらの思いは伝わるようですし、子どもの思いもなんとなくわかるようになっています。だからこそこの後に言葉が出てきます。この発達は通り過ぎていますでしょうか。

✻ 言葉が使えるようになって

できないことについて詳しく説明した後、

「わかったか」

「わかりました」

でもまた同じようにできないし、失敗してしまう。

「何度説明したらわかるんだ」

こんなことが起きていませんか。ちょっと昔を思い出してみましょう。

「わかったか」

「わからん」

「何でこんなことがわからんの」

「こんなこといちいち説明なんかしなくたってわかることでしょ」

こんな会話が続いた時期はありませんか。

子どもは見事に学習してくれました。怒られて、「わかったか」と言われたときには、正直に「わかりません」というのではなく、「わかった」とか「ハイ」と返事をすると無事先に進むことができることを学習しました。

さて、何が起きていたのでしょうか。

✻ 通じていない

コミュニケーションの障害とは、通じ合うことができないということです。通じていないとどんなことが起きますか。お互いにわかり合うことができません。「なんで?」という言葉はこちら側からだけではありません。子どもの側からも同じように「なんで??」、いやもっとたいへんで何が何だかまったくわからない状態かもしれません。

まだ大人の側にはわかる、つながる世界があります。子どもの側はどうでしょう。コミュニケーションがとれないと、通じるところを探すしかありませんが、何か見つかるでしょうか。

ひたすら泣いてばかりいるかもしれません。とても元気のいい赤ちゃんだと、すべて自分で調べ始めるかもしれません。自分で触る、なめる、とにかく自分のわかる範囲で確めるしかありません。移動できるようになるとどんどんあちこちに行ってみて、何でも触ったり、なめたり、どんどんと世界を広げようとしています。親の側から見ると危なく見えて一人にしておくことができません。移動する力が育ってくるにつれて、どこまで行ってしまうかもわからないほど元気に世界を広げていきます。手をつないでいないとどこまで行ってしまうかわかりません。

人との間に気心が知れてということが生じてきません。自分一人の力でこの世界に対峙《たいじ》しなければなりません。きっと不安で不安で仕方ないのでしょうが、そうしたこころをとらえることもできません。自分の気持ちをとらえるのは言葉の力ですから。いつも同じことが同じ順番で起きるならば、少しは安心できるかもしれません。馴染んだことが馴染んだ（わかった）順番で起きます。これをこちらから見るとこだわりといってしまいます。

少し通じ合うことができた場面を想定します。子どもがそのときに見ているところが車だとなんとかわかり、それに対して「ブーブ」と親が言います。子どもはちらっとこちらを見てくるのではないでしょうか。こうしたことが何回か重なると「ブーブ」という言葉が出てくることがあります。子どもがとらえていることと私たちがとらえていることが一致した瞬間にはつながっています。そしてつながった反応としてこちらを見てきます。こうして少しずつはつながるところができて、育っているのが実情ではないでしょうか。

❋ 相手の気持ちがわかるということ

こうした子どもたちを育てることに関わっている人向けにこの本を書くことにします。今まで通じていると思って育ててきた人には、是非この本を読んでいただきたいです。なんでこんなことをわかってくれないの、という体験をたくさん重ねてきていることと思います。それはひとえに通じていないからです。話が通じていないこともありますが、多くは話以前が通じていません。最初に書きましたように、言葉を獲得する以前のコミュニケーションの発達に遅れがあると考えています。

言葉になる前に通じ合う過程、たとえば人の気持ちがわかるということを取り上げましょう。私たちはどうして人の気持ちがわかるのでしょうか。実態は、言葉以前ではないでしょうか。お母さんの機嫌が悪いのはかなり小さな子、1歳前の子でもわかるのではないでしょうか。これは表情をとらえられるようになっているということにつながっています。私たちは言葉にしなくとも、その表情から相手の気持ちをある程度感じ取ってしまいます。

しかし、ある種の子どもたちはこの表情を読み取ることをしていません。その力がないというよりも、情報として表情をつかんでいないと考えます。その子たちは人の顔をじっと見ることをしていません。その結果として表情が入っていませんので、相手の気持ちはわかりません。幼児さんは言葉から気持ちをわかっているわけではなく、表情から感じ取ってそれにふさわしい行動をしています。今お母さんに声をかけていいかどうかを感じ取っています。ここが育っていない子どもは、「なんでこんなときにお母さんに頼みに来るの」と思ってしまうような行動をよくしています。

こうしたことは残念ながら教えることができません。言葉でもってわかったことではありませんので、言葉でもって相手に伝えることが難しいです。この言葉にすることが難しいことを言葉でもってそれなりにわかっている人に対して伝えるような職業として作家がある、と考えると少し理解できますでしょうか。あのレベルまで育つことができていると言葉でもって伝えることができます。教えるにはまず言葉がとても洗練されるレベルまで育っていないと難しいということです。なおかつ言葉でわかったことはわたしたちのわかり方といくらか異なっているようです。

顔をじっと見てもらうようにできれば育つかもしれません。大きくなった子どもたちの中には、あるときはよく顔を見ていてくれるお子さんもいますでしょう。どんなときでしょうか。彼が大好きな話をしていると、目がこちらの顔を見ていてくれませんか。嫌な話をするとすぐに目が泳いでしまいます。ここをこんな風に言い換えてみるといかがでしょうか。彼に通じる話をしているときには目も合います。しかし、彼にとってはわからない話をし始めると目が泳いでしまいます。通じなくなってしまったのです。

こんな話をこの本ではもう少し理屈っぽく、くどくどと書いていきます。ここまで読んでわかってしまった人にはもうこの本は用なしになってしまいます。よりわかりやすくとなるべく多くの例を作って本文の中では伝えていきます。さらに、いくらかの理屈の解説をしていきます。

今まで目にした本とは少し違うと感じた方は是非本文を読んでください。

2016年6月

牧　真吉

目次

自閉症スペクトラムの子どもと
「通じる関係」をつくる関わり方

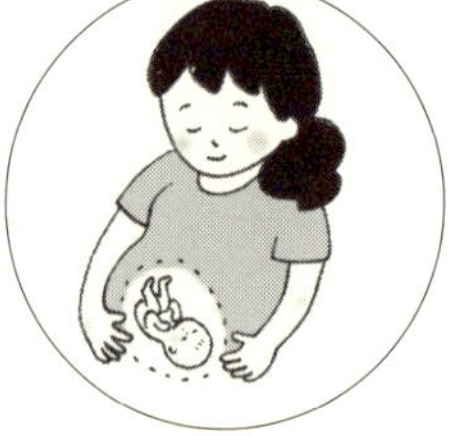

第2部　自閉症スペクトラムの発達を理解しましょう

シュー
ストン!

カバー・本文イラスト　今井ちひろ

＊「異常」「正常」は約束事

少しだけ自閉症の来し方をのぞいてみようと思います。筆者の一番苦手なことですので、この部分は多くを他の本に譲りますが、ざっとした流れだけを見ていきます。

自閉症の始まりは、レオ・カナーによる早期幼児自閉症という報告（１９４３年）です。日本では鷲見たえ子により１９５２年にはじめて報告されています。子どもの精神病の範疇で考えられていましたが、なぜか親の育て方が問題になっていきました。それがだんだん脳に障害があると変わって、発達の問題ということになっていきます。そしてＤＳＭ－Ⅲ（アメリカ精神医学会の診断分類、１９８０年）からは、広汎性発達障害の中に組み入れられました。これは精神病から発達障害への大きな転換に合意することができた年です。広汎性発達障害の中にアスペルガー症候群も含まれています。１９９０年代になってローナ・ウィングが広汎性発達障害ではなく、自閉症スペクトラムという概念を提唱し、２０１３年のＤＳＭ－５にはこの概念が採用されました。多分、国際分類であるＩＣＤ（国際疾病分類）も同じような変更を行うと考えられています。

そこでスペクトラムという用語を考えてみます。スペクトラムは英語から借りてきましたが、すでにフランス語から借りてきたスペクトルという用語が使われています。そのスペクトルですが、プリズムで光を分けて虹のようないろいろな光が生まれたあの光の分布を分光スペクトルと言います。ここでは連続した分布として説明しますが、厳密には抜けているところがあって、黒い線が生じるのだそうです。わたしたちはこのように誤解したままで意外と通用していることが多いという一つの例になります。

ここでは誤解したまま連続するものとして説明させてもらいます。分光スペクトルが自然界の中で見ることができるのが、虹です。その虹を日本では7色と言いますが、他の国では、また違いますし、何色と分けられるものではなく、赤から紫まで（この色だって正確ではないかもしれません。でも文化としての約束事です）、正確には光の周波数が少しずつ変わっていっているわけです（そして、何カ所かは抜けているところがあります）。わたしたち日本の文化ではそれを7色と言いました。実態は分かれているのではなく連続している変化です。自閉症をそのように連続している変化と考えてみようというわけです（完全なる連続ではなく所々飛んでいるところがあることまで、ウィングは考えていたのかもしれません）。

連続している変化であるならば、それを異常と正常とに分けることは単なる約束になります。光のスペクトルに名前をつけて7色として分けたのは文化による約束事です。連続する波長の変化ですから、何色に分けるなどということは本来的には不可能です。言葉を使うためにはこれを無理に分類しています。これは言葉を用いるときの限界です。言葉でもってその現象を完璧に説明することはとても難しいので、取り決めというか代用をすることにしてしまっています。このことはほとんど考えられることがありません。言葉でもってカバーされていると思い込んでいます。

✻ 発達のバラツキ

スペクトルという連続する変化を、病気ではなくもっとわかりやすい概念を探してみましょう。それを発達のバラツキであると考えてみたらわかりやすくなりませんでしょうか。連続するのは当然のことです。どこかに約束事として境界を設定しますが、単なる約束事です。この境界を挟んで人は連続していますので、その違いを明確にすることはできません。

わかりやすい例として身長を考えてみてください。平均近くに多くの人が集まりますが、連続してばらついているのです。平均から離れれば離れるほど人数は少なくなります。しかし、この分布のどこかに境界を設定します。数値で扱えますので、標準偏差というものを出してその2倍の範囲までを正常域として扱います。もちろんその先に2・5倍、3倍の値のところも設定して線を引いてあります。こうしたことを参考にその子どもの身長について考えます。異常だという結論も簡単には出せません。身長だと平均からのズレだけでなく、今どのぐらいのペースで伸びているかも考慮して考えます。

　では自閉症スペクトラムだと、どのように考えればいいのでしょうか。コミュニケーションの発達の遅れと考えると、かなりのことが説明がつくようになります。その説明をこの本の中で行っていきます。このことをうまく理解してつきあうことができるならば、その子どもなりに発達していくことができます。

　これを否定してきたのがわたしたち医者です。昔は自閉症の子どもが成長して自閉症らしさを失ってしまうと、おまえの診断が間違っていたのだと言われてしまいました。高名な先生が間違いなく自閉症と診断して、3年ほどして再び診察を受け、以前に自閉症と診断されましたと告げると、「誰が自閉症などと診断したのだ」と言われ、先生ですよと言い返したくなるのを我慢して帰ってきたという話を聞いていました。わたし自身も高機能自閉と言われるような子どもとつきあってきて、似たもの同士の友達ができて急速に成長していく子どもに出会いました。子どもたちは間違いなく発達していきます。

❋「わかる」体験を重ねる

最近は、通じないことは教えることができない。子どもがわからないことは、通じていないからわからないのだから、教えようとしないようにという方針を伝え、わかること、通じることを大切にしよう、通じることであれば子どもは喜んで聞いているし、話してくる、そのときには目もしっかりと見てくるという話をしています。通じない話になると目が泳ぎ始めるから、そのときはその話題は打ち切りにしなさいと説明します。

自閉症の大きな障害の一つとして、コミュニケーションの障害があると言われています。そうなんです。コミュニケーションの障害とは通じていないということです。通じないからわかりません。わからないことをいくら説明されてもわからないものだからわかりません。なのに何とかわかっていないことを教えようとしています。どこがわかっていないかがわかっていませんから、わからないことを教えることはたいへんな困難を伴います。この困難を乗り越えていけるだけのコミュニケーションがまだ育っていません。その意味では今の時点で教えることは不可能ですと言い切るほうが実態に近く、役に立つと考えています。コミュニケーションがある程度成立してから教えるのが順番ではないでしょうか。

ではコミュニケーションを成立させるためには、どうしたらいいのでしょうか。コミュニケーションが成立している体験をどんどんさせるだけです。単純だと思いませんか。わかる話だけをすればいいのです。わからない話はやめましょう。わからないことを教えないでください。これが今わたしの伝えていることです。

こんな簡単なことを実行していただいただけで子どもの発達が変わります。わからない体験を重ねることと、わかる体験を重ねることの違いです。通じる体験だけが、通じること、すなわち発達を促進します。通じない体験をいくら重ねても通じるようにはならないし、それどころかどんどん話を聞く気をなくさせ、結果としては発達させないようにしてしまいます。至極単純なことです。

わたしたちは教えようとしてどんどん発達の邪魔をしてきてしまいました。この発達の邪魔をやめて、自然な発達につきあうことで子どもの成長を一緒に喜ぶことができたらと思います。ただ、残念なことに発達のバラツキがありますから、他の子はずっと以前に通過したことを今頃行っているということがあります。これだけは我慢してもらわなくてはなりません。わたしたちができることは、子どもの発達につきあうことであり、発達のスピードを促進することは困難であるということです。

ちょっと脱線。精神科では「障害」という言葉を使いますが、それはDisorderの翻訳です。Disorderとは平均からの偏位があるという意味であり、発達について考えれば、それは発達の遅れという概念になります。一番最近の訳（ＤＳＭ－５）では、「障害」をやめにしましょうといっています。○○症との翻訳を並立させています。自閉症スペクトラム障害または自閉スペクトラム症という訳になりました。

本書では、ＤＳＭの診断分類を採用していないこともあり、「自閉症スペクトラム」という表記を使用します。

第1部
発達について考えてみましょう

これから発達を詳しく見ていこうと思います。すでにこれまでのところで本質については書いてきました。どんな発達の遅れがあるのでしょうか。そのためには発達そのものを詳しく知る必要があります。とは言っても、ここでは関係性の発達に焦点を当てることにします。その中でも最初の発達であるコミュニケーションの発達を詳しく考えてみることにしました。昔、知能の発達について平均的な発達の子を見ているだけではよくわからなかったことが、知的な発達に遅れのある子を観察することでよくわかるようになったと聞いています。関係性の発達も自閉症スペクトラムのお子さんを観察すること、それに乳幼児に関する発達が詳しく研究されることで伝えることができるようになりました。そうした研究がわたしに影響を与えています。しかし、ここでは引用をせずに、自分の言葉に消化した上で自説を組み立てています。

第1章 ＊ 皆が同じには育たない

✻ 発達のバラツキとは

育つには遺伝だけでなく、栄養や環境などいろいろな要素によって違いが出てきます。一つのことを決めるのにたくさんの要素が関わるときにはバラツキができます。工業製品のようなものですら、バラツキが出て、検品をして、基準の範囲に収まらない物をはねた上で出荷します。少し広げると、農産物を考えてみてください。キュウリにはいろいろな長さや曲がり具合が生じてきます。今はあまりに曲がったり、大きくなってしまうと市場に出すことができません。でも食べられないわけではありませんので、そうした規格外の物を売っているところもあります。子どもの育ちも同じように規格を考えてみるようになってしまっているのかもしれません。昔は野菜も生産地の近くで売られるだけでしたので、輸送のことを考える必要がなく、曲がったキュウリも当たり前に売られていました。今は箱詰めをして送る関係なのでしょうか、曲がったキュウリがあまり出てこなくなっています。味とかには関係なく、単に箱に入れやすくするための規格です。当然のことながら、規格外のキュウリでも食べるのに難点はありません。単に流通上の問題ではじき飛ばされているのです。

子どもの発達に関しても同じようなことはないでしょうか。子どもたちは決して皆同じようには育ちません。身長も体重もそれぞれ異なります。知能と言われることにもバラツキがありますし、知能も含まれるのですが、こころの発達にも当たり前のようにバラツキがあります。このバラツキが大きく平均から外れていると障害と言われてきました。ただ、バラツキですので、必ずしも原因があって起きるという単純なことではありません。ただし、遅れが大きな場合には原因と言えることが特定できることがあります。

知的障害についてはこの原因と言われることがかなり見つかってきました。それでも半数以上の知的障害の子どもの原因はわかっていません。知的障害には知能検査という尺度を作ることができました。とは言っても絶対的なことではありません。検査は何種類もあります。どの検査を行うかによって出てくる結果に違いができます。同じ検査をするにしても、そのときの子どもの状況、子どもと検査者との関係などいろいろな要素によって結果は異なってきます。ここまで知ってしまいますと、検査は大まかな参考として用いることができるだけです。知能指数という検査の結果の数値は、残念ながら不完全なものです。絶対的な能力を示しているなどと考えてはいけません。ある条件の下で得られた、参考にすることができる結果として扱うことです。

そして、この本で書こうとしているコミュニケーションとか関係性の発達については、知能検査のような発達の尺度がありません。関係とかコミュニケーションは相手によって変わるものであり、相手が誰であっても同じ結果が出るようにするのが検査ですから、検査のようなものは今後もできてきません。検査者が子どもという視点から離れて、母と子の状況を見て判断するという検査ができてきています。これは母と子の間の関係を、検査をして数値化できないかという試みです。ある程度のことは出せそうですが、純粋な母と子の関係にはなりません。観察者が横にいる関係を調べています。絶対的な、あるいは客観的な関係の発達はありません。あくまでもこの子とわたしの間で起きることですので、わたしが考えるしかありません。他の人から見たら違うのが当然のことです。誰々先生が見てこんな状況でしたから、診断されましたということではありません。いろいろと関係のことをお聞きして診断を考えていきます。診てわかる部分もないではありませんが、それはあくまで子どもと診断している医者との関係、そして、診察の場で診ることのできる親と子の関係を判断しているのです。

❋ 診断のとらえ方

話が戻ります。自閉症について典型的なケースだけでなく、軽い傾向のある子にまで診断の範囲を広げてきました。また社会の側も職人的な仕事よりも営業のような対人関係を要求される第3次産業が多くなってきました。子どもの発達も細かく見るようになってきました。こうしたいろいろな面が重なってかなり細かくチェックがされるようになってきました。平均からのはずれ方がそれほど大きくなくても、気がつくことが可能になってきています。その意味で自閉症スペクトラムの診断も多くなっていると考えられます。昔ならほとんど問題にならなかった子どもも問題とされ、診断を受けるようになってきました。病気というものがあると考えるよりも、文化による規格があって、そこから外れていると判断されたと考えるほうが実態に合っているのかもしれません。そうであるならば、発想をひっくり返して、平均からのズレが大きくなくて引っかかってきた子どもは、当然平均の範囲内に収まるようになる可能性も大きいはずと考えることができます。

筆者はあくまでも発達の遅れと考えています。であるならば、子どもの発達に丁寧につきあうことができるのなら、その子どもなりに発達していく可能性が大きいと考えることができます。平均という発達には達しないまでも、社会でやっていくことが可能なほどほどのところまで発達していく可能性が考えられます。その子の発達を応援していきましょう。

もう一つ大事なことを伝えないといけません。世の中で有名になっている人々は、有名ということからしても平均ではありません。子ども時代にも当然平均であった人は少ないと思います。ノーベル賞を取るような人ならなおさら、平均ではありません。完全にはみ

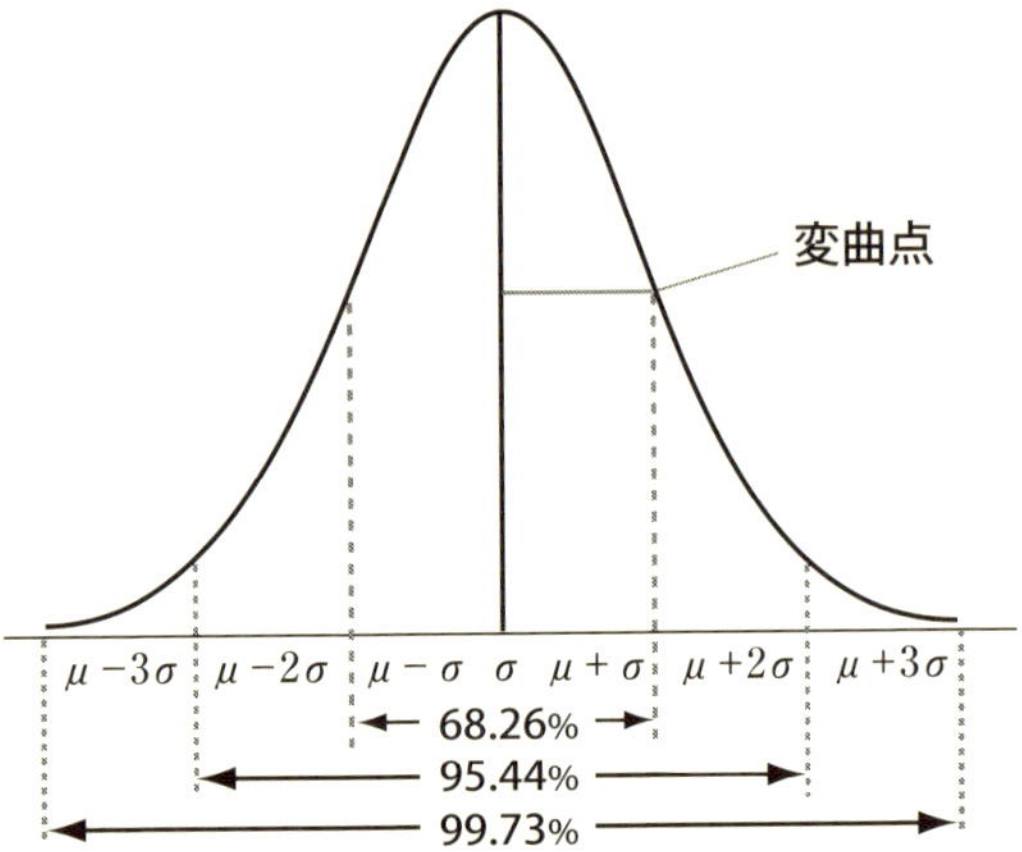

図１　標準正規分布曲線

出しています。子どもも時代もきっとそんな人でしたし、大人になっても変わった人です。平均とは普通の人で、あまり有名になることはありません。平均からはずれているということは、うまくつきあえばノーベル賞を取るかもしれないという意味でもあります。

少し学問的な説明をします。たくさんのことを扱う学問に統計学があります。統計学では一人一人のことを問題にする学問ではありません。あくまでも集団をみる学問です。バラツキを見るために分散、偏差という概念を作りました。平均からどれだけ離れているかです。これを集団でみますと、標準偏差になります。偏差の平均のようなものです。標準偏差の2倍の幅を平均からとりますとその中に95％余りの人が入ります。そこからはみ出した人の半分は上のほうにはみ出していますのであまり問題にならず、下のほうにはみ出した2・3％足らずの人が遅れありとされます。その中で社会生活上の困難を抱えている人を障害と認定しています。

精神科では病名に障害とつけていますが、治らないというようには思わないでください。規格の範囲からは現時点でははみ出しているのだと了解してください。将来もはみ出したままであるという保証はしていません。この点も知っておいてください。

筆者がこのように自閉症を発達の遅れと考えるようになったのは、すべて児童精神科医の滝川一廣の教えによります。こころの発達を考えるときに、世界をどのように認識するかが一方にあり、もう一つは世界とどのように関わるか、関係の力があると教えられました。認識の力は一般に知能と言われ、知能指数（IQ）などで表されます。それに対して関わる力は、フロイトが説明したような発達と考えています。乳児期に育てる人がとても細やかに関わることによって発達していくと考えています。

この2つを縦軸と横軸にとりますと、図2のように表すことが可能となります。

認識の力と関係性の力はお互いに相手に影響を与え合い、両方が均等に発達していった①が平均の世界になります。発現頻度を考えますと、この平面に対して垂直にこちらの側に指標を伸ばす（Z軸）と①を頂点とした山ができあがります。この山麓にそれぞれの障

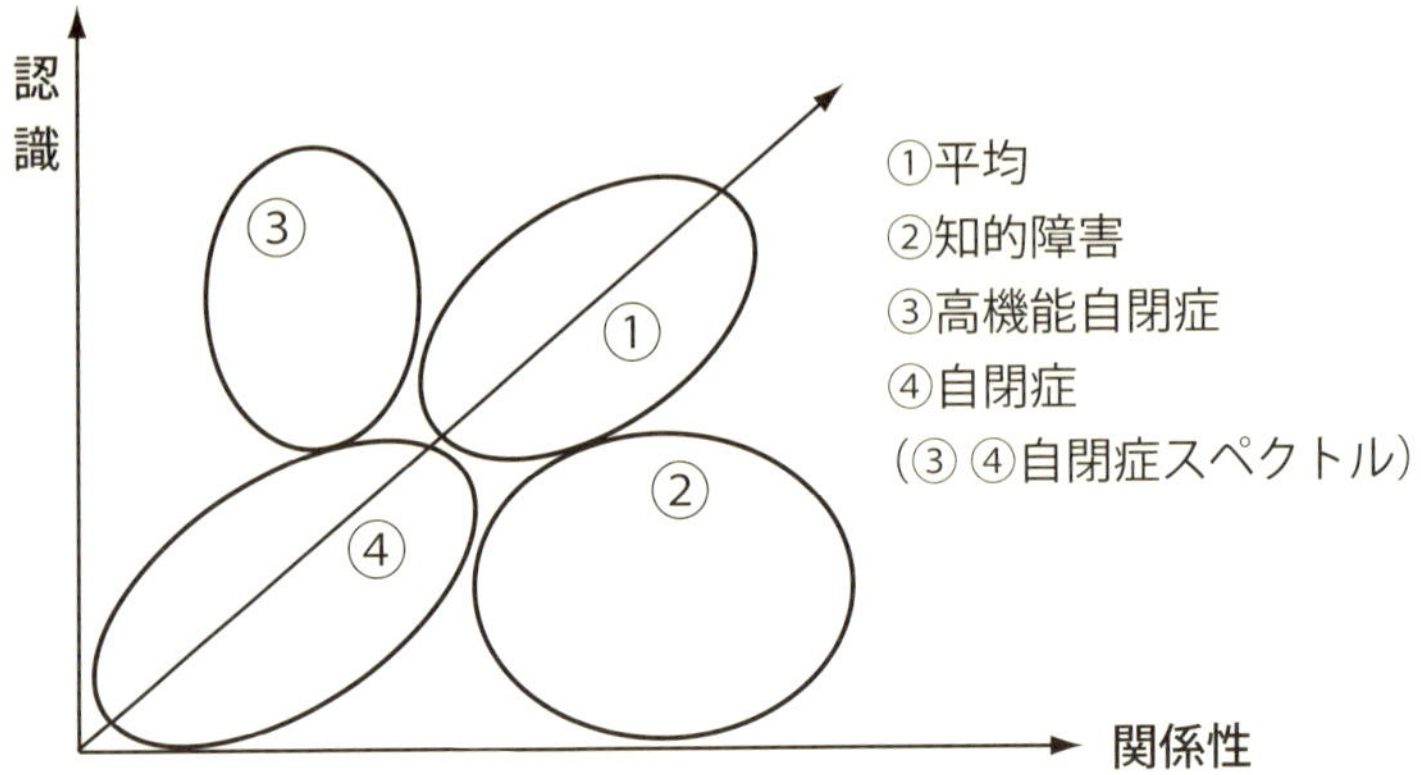

図２　滝川一廣の説

害が分布していると考えてみるとわかりやすくなります。知的にも関係性も両者の発達が遅れているものが従来④自閉症と言われてきたと考えられます。また、知的な発達は悪いが、関係性の発達は平均的と考えられる子は②知的障害と言われます。そして知的な発達は平均レベルだが、関係性の発達だけが悪いのを③高機能自閉症（あるいはアスペルガー障害）と言われてきました。この図も概念図ですので、境目あたりになるとどのように診断するのか難しくなります。境界をはっきりさせるのはなかなか困難です。

第2章 ＊ 通じる体験を通したコミュニケーション

❋ 言葉はコミュニケーションの一つ

コミュニケーションとは、言葉のやりとりと思っていませんか。わたしたちは学校というところで学んだために、言葉によってやりとりをすると思うようになっています。学問では言葉の意味を大切にしますし、言葉にして伝えることを学んできました。確かに学問領域では言葉がすべてと言ってもいいかもしれません。わたし自身こうして皆さんに言葉によって伝えようとしています。そのためにコミュニケーションとは言葉によるものだと思ってしまっています。

しかし、日常生活の会話を考えてみると、言葉だけではとても伝わらない会話をしていませんか。特に家庭の中では、何もかも言葉にしているわけではありません。老人の会話では「あれをあれしてああする」というように言葉にはほとんどなっていないのに、コミュニケーションが成立しています。小さな子どもも言葉をうまく使えませんので、言葉以外がコミュニケーションの大きな部分を構成しています。

自閉症スペクトラムの子どもたちとつきあうと、わたしたちが言葉にしないで伝えていることの多さに気づかされます。左の図は日常会話における役割の大きさを表してみようとしたものです。ちょっと言葉の意味の割合を下げすぎかもしれませんが、言葉以外を気

④	③	②	①
言葉の意味	まなざしの共有	表情を見る	一つの世界

づかずに使っているのがわたしたちのコミュニケーションです。そして、言葉が最も新しく獲得されたコミュニケーション手段になります。

＊コミュニケーションの発達段階

生まれたばかりの赤ちゃんを考えてみましょう。もちろん言葉がありません。ちょっと前には交流ができないと考えた時代もありました。最近になって、生まれたばかりの赤ちゃんとでも交流できるという証明がたくさん出てきました。赤ちゃんはみんなわかっているよ、という親の持っていた感覚が当たっていました。また、現実の赤ちゃんと関わる関係者も、赤ちゃんは何でもわかっているという人が多くいます。音など音楽的な面での交流はできるようです。

もう少し当たり前の感覚に戻ります。赤ちゃんがなぜ泣いているのかお母さんはわかると言われます。これは、生まれてすぐからでしょうか。生まれてつきあっているうちにだんだんわかるようになっていませんでしょうか。コミュニケーションがだんだんとれて

いくようになっていませんか。

この発達を詳しく見ていきます。ここではまず概観を示します。

生まれたばかりの赤ちゃんはよく何でもわかると言います。わからないという人もいます。きっとわたしたちが通常使っている手法とは違う了解の仕方をしているのでしょう。そのうちに赤ちゃんはニコニコし始めて、顔を通じてお互いなんとなくわかるようになってきます。表情を用いたコミュニケーションができるようになってきています。表情はすべて言葉で表現できますか。その中でも目はさらに細やかな表現を作り出しているようです。これを用いると目でお話することができるようになります。

そうすると今度は、わたしを見ていてくれない目はいったい何を見ているのだろうと思うのでしょうか、まなざしの先を見るようになります。「今あなたは何に気をとられているの？」と言い換えてもいいかもしれません。言葉がまだ生まれていませんから、その目をまなざす先を見るようになります。「なーんだ、これね」と安心するのではないでしょうか。これでもう一段コミュニケーションは進みました。言葉なくして情報を共有することができました。「目は口ほどにものを言う」という言葉がありますが、赤ちゃんも1歳近くなると十分そこまで育ってきています。

こうして通じるようになっているから、使われている言葉がわかって言葉を身につけていきます。言葉が出現するようになってから通じるようになる子もいますが、そうなると少し風変わりな言葉になっています。わたしたちは通じるようになったので、言葉を獲得していくのが順番です。

以下順に説明していきます。

１　一つの世界

❁お母さんと赤ちゃんは一体

お腹の中にいる赤ちゃんの集める情報とはどんなものなんでしょうか。母と一体になっているのは当然のことですが、育っていく脳はどんな働き方をしているのでしょうか。多くの研究もわたしも、赤ちゃんを別物として扱います。わたしたちの理解の仕方が、バラバラに扱うようにできています。多分これは言葉を使って考えているからだと思います。わたし自身、お腹の中の赤ちゃんはどんな情報をキャッチしているのかと考えてきました。この発想自体がズレているのかもしれません。赤ちゃんはというか、母を含んで全体でどんな感じになっているのでしょう、と発想してみるほうが近づけるかもしれません。

生まれたばかりの赤ちゃんで無様式知覚と言われることがあります。感覚は分けてとらえられず、五感いやそれ以外の情報もすべてが1種類としてとらえられています。分けていくと、五感という外部からの情報だけでなく、内部からの情報もあります。内部情報についてはニ覚という言われ方をしています。平衡感覚である前庭覚と関節や筋肉の状態を

キャッチする固有受容覚、あるいは深部知覚と言われることもあります。痛み以外にも情報として用いていますが、あまり意識されることはありません。いずれにせよ、このように分けないとわたしたちは理解しづらいのです。他方、生まれたばかりの赤ちゃんは、自分を含む世界全体として感じ取っているのではないでしょうか。さらには、自分と周りの世界も分かれていないと考えたほうがよさそうです。

母と赤ちゃんは出産によってからだとしては分離されます。しかし、働きとか情報の利用とか、こうした言葉自体が分けていますので、うまくとらえることができません。しかし、認知の仕方としては世界がまだ一つになっているのではないでしょうか。その意味では交流はありません。一つの中の動きと言うしかありません。

そうなると何も表現できなくなってしまいますので、言葉の側から、決して当たっていないが、たとえ話として表現しておきます。

生まれてきてからわずかの間にものすごい変化を起こしています。この変化だけですらたいへん不安にさせるものだと思われます。そこへもってきて、自分を含んだ一つの世界が安定していないとしたらどんな感じなんでしょうか。これは生まれ落ちたときからではありません。お腹の中にいるときにまったく同じことが起きていませんでしょうか。安心していい一つの世界から分離して自分という世界を作っていくのと、安心することのできない一つの世界にいると、そこから出ていくことさえできれば避けたくなるのではないでしょうか。

✻ あなたとわたしという関係の始まり

それでもこの時期の交流をとらえようという試みがいろいろなされています。音楽性としてとらえてみると、声を介して交流ができていると言われるようになってきています。多分交流としてとらえることをやめると、一つの世界として動いていることがもっと見えてくるのかもしれません。それを多くの母親たちには、赤ちゃんのときからこの子はよくわかっていたという表現になるのでしょう。

このことは次のことを考えると少し理解できるかもしれません。赤ちゃんがお腹の中で聞くお母さんの声は、生まれてから聞くお母さんの声と同じでしょうか。赤ちゃんにとっては同じでないと大変迷ってしまうことになります。しかし、皆さん自分の声を録音して聞いたことがありますでしょうか。自分の声がこんな声であったのかと驚きませんでしょうか。赤ちゃんも、もしわたしたちが聞くように聞いたなら、きっと母のことを知らない人だととらえるに違いありません。しかし、どうもそうはなっていないようです。それは、わたしたちとはキャッチする情報が異なっていると考えれば納得がいきます。音楽性としてとらえられる、テンポ、強弱、音の高低の変化などをキャッチして、音質はキャッチしないと考えれば、説明がつきます。わたしたちが違いとしてキャッチしているのは音質です。その情報は受け取らないようにすれば、母の声は、胎内でも体外でも同じになります。

この考え方は、一つの世界ではありません。一つの世界では対象が存在していませんから、違うという発想もないでしょう。安定しているとか、わたしたちで言うなら、内部情報として考えてみないといけません。これは考え始めると眠れなくなってしまうのかもしれませんのでやめます。ただ、わたしたちの発想を当てはめてそのまま考えることは難しいことだと理解してやめます。

そして、この一つの世界から、相手があるという世界に進み始めているときとして、理解してみましょう。あなたとわたしという関係がまったく新しい体験として始まります。一つの世界から多くに分かれた世界を体験していこうとしています。このときの導きの糸はどんなことなのでしょう。何かと関わってくる存在としてというか、一つではない世界として新しい体験を始めていきます。このように想像すると、とてもたいへんなことを赤ちゃんは始めています。こんなときは安定した世界であってほしいと思いませんか。

ここに書いてきたことはすべて空想です。この時期の子育てとして、本能的な子育てこそがいいと言われています。本能的子育てと言われるのは、まさにこうした言葉の世界として表現できない世界での対応としては、言葉によらない本能とでも言っていいような対応が大事なことなのでしょう。

子育て・支援のヒント

言葉で考えて悩むより、言葉によらない本能的子育てが大切なこともあります。

2 顔をじっと見る

❋ 表情の変化を読み取る

生まれたばかりの赤ちゃんはあまりよく見えません。胎内にいたために物を見分けることができない暗い中にいました。そのために視細胞（目の中の網膜にある）がまだ発達しないままに置かれています。生まれることによって、暗い世界から明るい世界へと世界が大変動します。ときにこの大変動を、まばゆいばかりの世界へ出てきたと覚えている子どもがいます。病気になるほど敏感とでも表現したらいいのでしょうか、そんな人は大人になっても生まれたときの体験をしっかりと覚えています。この大変動はある意味でとても強烈なことであったはずです。こんな大きな変化ですら、体験貯蔵庫から浮かび上がらせることができません。言葉の世界が頭の考えることの中心に位置するようになっています。

話は戻ります。光あふれる世界に出てきて光の刺激を受けることのできた視細胞は急速に成長します。２カ月もするとほとんど大人と変わらない視力を獲得します。さて、よく見えるようになった目で何を見るでしょうか。いろいろなものを見ますが、一番面白いのは人の顔ではないでしょうか。なんといってもいろいろに変化しますから。その人の顔をじっと見るようになります。もしかしてあまり変化がないと、じっくりとは見ないかもしれません。表情のほとんど変わらない人はいるでしょうか。赤ちゃんを相手にすると、わたしたちは自然に表情を豊かに作っているのではないでしょうか。声も言葉ではなく、いろいろに調子を変化させて働きかけていませんか。赤ちゃんに対する対応が自然と出てきていませんか。これが前述した体験貯蔵庫です。体験貯蔵庫に蓄えられた体験が、赤ちゃんという刺激を受けたことにより活性化します。そして考えてではなく、自然に赤ちゃんに対する対応が出てきます。これが前述した本能的子育ての説明です。

赤ちゃんのときにいろいろな表情や声での働きかけを体験していない人は、体験貯蔵庫にこうした体験がありません。どうしていいかわかりません。それでも、赤ちゃんに関わる体験をどこかでしていれば、その体験がわき出してきて対応ができます。この意味でも、赤ちゃんに働きかける表情や声を子育てを始める前に体験しておくことが大事なことです。

赤ちゃんの側から見てみます。実験で赤ちゃんに関わる人が表情を変化させないということが行われています。表情を変えないで視線も固定したままにして赤ちゃんを見ていてもらう実験です。表情によるコミュニケーションを身につけた赤ちゃんは、しきりに表情を変化させてコミュニケーションしようとします。しかし、それでも表情が変化しないと、赤ちゃんは変化をしない顔から目をそらしてしまいます。この場合はコミュニケーションがとれないことによって目をそむけてしまっているのですが、きっとわたしたちは、それほどに変わらないことをずっと見続けることができないだろうと想像します。変化していくことを探して他に目を向けてしまいます。

人は知らない間にも表情は変化していませんか。ちょっと何かを考えると、それだけでも表情がかすかに変化していませんか。流れでる水をじっと見てしまうのも、やはり変化することが好きなのではないでしょうか。テレビが大好きなのも、どんどん変化するからではないでしょうか。話しかけるときの顔はどうでしょうか。ものすごく表情が変化しているのではないでしょうか。こんなに変化している顔の表情を見る力も、発達によって生まれてくると考えてみましょう。この発達が遅れてきたらどうなるのでしょうか。じっと顔を見てくれません。そうなると表情の変化をとらえることもありません。

研究では、この変化ということをあまり考えてきませんでした。古い研究では、黒い２つの●を書いた紙（目を象徴的に表しています）のほうを白い紙よりよく見るなどという研究があります。そんな変化のないことですら、真っ白の紙とどちらをよく見るかという差ができるのですが、わたし自身は、そんな動きのない単に目のように見える黒い点だけにつられて顔を見ているとは思いたくありません。顔の変化を、わたしたちは表情が豊かと表現しますが、その表情豊かな顔をしきりに見せられて、ついつい見てしまうのではないでしょうか。

✻顔を見合わせ表情を吸収

授乳をするときには、普通は何もしていませんよね。このときに親子は顔を見合わせます。人間の赤ちゃんの特徴で、授乳するときに遊び飲みをすると言われます。猿は一心不乱に満腹になるまで飲み続けます。周りを見るなどということはありません。でも人間の赤ちゃんは、この遊び飲みという大事なことをしています。栄養補給のことだけを考えるとまさに遊び飲みなのですが、育ちを考えると、挨拶飲みとでも言ったほうが適切ですね。このときに顔を見てどんどん表情を吸収しています。こうして赤ちゃんはしっかりと表情を読み取るように育っていきます。授乳のときだけではなく、赤ちゃんに関わるとき顔を見ています。ただ、授乳のときが一番のんびりできるときではないでしょうか。乳児院では、一人で多くの赤ちゃんをみなくてはいけなくて、いかに授乳時間を短縮するかと考えていたこともあったようです。これでは育ちが悪くなると思います。スマホを見ながら授乳しているということを聞くようになってきました。この時期の育ちでどんなことが起きているのか知っていくことも必要なことかもしれません。しかし、本来は知識として身につけることではなく、体験貯蔵庫から自然にわき出してくるようにしたいと思います。

授乳とは栄養補給だけなどとは、間違っても思わないでほしいです。言葉の世界にいると一つのことしか表現できませんから、同時に起きている他のことを考える力が弱ってしまうのでしょうか。授乳とは人間にとって大きな交流の場になっています。赤ちゃんに関わることすべてが、赤ちゃんとの交流になります。その交流の中から赤ちゃんはどんどん吸収して育っていきます。

実は生まれたばかりの赤ちゃんも、顔を見てその顔の真似をする映像を見せてもらったこともあります。生まれたすぐのときから人の顔を見るのかもしれませんが、このときはまだ、それほどしっかりとは見えていないので、細かい表情をキャッチすることはできていないと思われます。目がしっかり見えるようになって、人の表情のわずかな変化もわかるようになっていきます。

中にはあまり人の顔を見ない赤ちゃんもいます。わたし自身は、そのこと自体が関係性の発達の遅れと考えています。発達にはどうしてもバラツキがありますので、顔を見るという発達が、実は少しだけ遅れていることもあるでしょう。ただ、どれだけ顔を見て働きかけたかによって、この発達のバラツキを生み出していることもあるかもしれません。抱くと泣いていやがる子だとあまり抱きませんし、授乳のときにも顔を見てくれないかもしれません。いろいろな要素が働いて発達は起きていると考えています。どれだけたくさん顔を見てくれたかが、コミュニケーションの発達の出発点です。

ただ、残念なことというのか、この時期に顔を見るように導く方法はありません。わたしたちは、赤ちゃんの育ってくることに合わせるしかありません。可能性としては、前節で述べた、一つの世界で一緒になることができると違ってくるのではないかとは思います。しかし、一つの世界に入る方法をわたしは知りません。禅の修行はそんなことをやっているようですが、できるまでにかなり時間がかかるのではないでしょうか。まれには、自然にその方法を持っている人もいる気はします。教えることのできない世界でしょう。

子育て・支援のヒント

どれほどたくさん顔を見てくれたかが、コミュニケーションの発達の出発点です。

3　目が合うと微笑む

✻ 表情による交流の始まり

表情を読み取ることができると、表情で交流することができるようになります。これはどんな変化が起きたときなのでしょうか。よく使われる目安に、あやすと笑うということがあります。しかし多くの人は、あやすと反応するようになった状態をもって、あやすと笑うと受け取っていました。

あやしたときの表情による交流ができるようになったときとは、あやして笑った顔で、えもいわれぬ温かい気持ちがこちら側にわき起こるようになったときを言います。あやして反応するようになったときには、まだ表情の交流まではできていません。あやすという働きかけはわかりますので、それに対して反応をしています。まだ交流が成立する表情（温かい感情がこちらの側にわき起こる）を作ることができていません。表情による交流を体験しますと、こちらが赤ちゃんの顔をじっと見ることに対して、赤ちゃんの側からニコッとしてきます。笑顔を出すことで相手が笑顔を返してくることがもうわかっているからです。表情による交流の体験ができているからです。ここまで育ってやっと表情による交流になります。

赤ちゃんの顔をじっと見ていると笑顔をしてくれませんか、と親御さんに聞くと、うちの子はじっと顔なんか見ていてくれませんと言われることが、ときにあります。じっと顔を見続けることのない赤ちゃんだと、まだ表情をキャッチするところまで進んでいないないと考えます。じっと顔を見ていない赤ちゃんは、表情の変化するところまで見ることができないと考えます。顔は変化の起こらないものと受け取ってしまっているのかもしれません。それでは表情の違いはわかりにくいと思いませんか。たぶんわたしたちは表情が変化することから、表情ということに気がついていくのではないでしょうか。変わっていかない、しかし、違う顔をたくさん見ても表情ということになかなか注目できないのではないでしょうか。

気がつくには、表情が変化していく有り様を見ていることが必要でしょう。と同時に、表情が変化するからこそ見続けることができます。表情が変化しないと赤ちゃんは目をそらせてしまいます。表情を読むことができる赤ちゃんでも、表情の変化のない顔を見続けることはできません。交流ができるようになった赤ちゃんは、交流を拒否されているとでも感じ取っているかもしれません。ですから、目をそらしていやがります。

✻ 微笑みは一番最初の交流

わたしたちは笑顔でもって交流する赤ちゃんには気がついていました。おんぶされた赤ちゃんが、ふと目の合ったときににっこりと微笑んできて、嬉しい思いをしたことがありませんか。今の人たちはあまりおんぶをすることがなくなり、電車やバスの中で、ふと赤ちゃんと目が合う体験をすることがなくなっているでしょう。そう考えると赤ちゃんは親の気がつかないうちに、とても多くの人と交流していたことでしょう。ご近所で知っている人だけでなく、全く知らない行きずりの人とも笑顔の交流をしていたと考えられます。現代の赤ちゃんが人と交流する数は、昔と比べると著しく少ないのかもしれません。

平均的な発達をした赤ちゃんは、3、4カ月ぐらいからどんどん人と交流をし始めています。親のあずかり知らぬところでさえ、勝手に交流をしています。微笑みかけられた人は、嬉しくなって微笑みを返す人が大半です。

そこで怒り出す人は言葉が生まれる前の体験がよほど苛烈だった人でしょう。赤ちゃんの微笑みは一番最初の交流といってもいい体験ですから、一番根底にある交流です。これに対して強い不安を覚える人しか怒る人はいません。このレベルの人はまずいないと考えていいくらいです。そんな人がいたとしたら、対人交流は全くできていないはずです。

一般的には、赤ちゃんの笑顔はわたしたちを嬉しくさせるだけでなく、何となくしあわせな感じにさせないでしょうか。交流の一番底に生じることだけを用いて、言葉の次元を全く使っていません。わたしたちが安心感を感じるところではないでしょうか。もちろん、赤ちゃんもこの交流によって安心感を積み重ねています。この交流ができない人にあたったときには、きっと不安を感じているでしょう。

笑顔で交流ができるようになるためには、これまでにいろいろな体験をしています。うまく交流ができたとき、うまく伝わらずに苦労したこと、こうした体験を積み重ねた上でやっとできた、わたしたちが気づくことのできる交流です。赤ちゃんはこのような交流を身につけるまでの間にも、いろいろな体験をしていることを想像してみてください。

子育て・支援のヒント

赤ちゃんは笑顔の交流ができるまでにいろいろな体験をしています。

4 表情が一致して変わる

❋ 表情で交流するようになる

わたしたちは表情をキャッチできるようになると、その表情を作ることができるようになります。とはいっても、意識して（考えて、まだ言葉がありませんから、考えることはできていませんし、いわゆる考えるという意味で意識することもできません）、表情を作ることができるわけではありません。言葉によって考えるのではない脳の領域を使って、知らない間に顔に表情が出てしまっているといったほうがいいでしょう。意識して表情を作ることができないわけではありません。しかし、意識して作った表情は、よほどの練習を重ねないと不自然さが伴わないでしょうか。笑顔になってということはあまり言いません。「はい、チーズ」など笑顔に近くなるような言葉を言ってもらったほうが、笑顔を作ってと言うより簡単なのです。

表情とはこのように言葉が生まれる以前に身につけていくものです。言葉が先に入ってしまっても、言葉でもって表情を身につけるようにすることは、とても難しいことのようです。誰も考えて表情を作っていませんので、教えることが難しいからでしょう。表情筋は一応随意筋でありますので、自由に動かすことができる筋肉のはずですが、多くは情動系と結びつき、自由に操ることにはなっていません。まだ言葉のない、ある意味考えることのできていないこの時期に神経系とのつながりを作っていることが、自由に扱えない理由なのでしょう。表情筋の運動自体は、胎内にいるときから始まっているとわかってきました。この動きを何かと結びつけることが生まれてから行われています。

笑顔で交流できるようになった赤ちゃんは、どんどんと交流がうまくなっていきます。とは言っても、わたしたちが笑顔ぐらいしか簡単には意識ができないものですから、この発達をとらえることは大変難しいです。乳幼児を研究してきた研究者がすごい方法を見つけました。お母さんに赤ちゃんをあやしてもらって、そのときの赤ちゃんの表情とお母さんの表情をビデオに撮ります。この2人の表情を一つの画面に並べて映し出すのです。この2人の表情が同じように変わっていくのを見るのは驚くばかりです。新しい文明の機械によって、鈍感なわたしまでもが気がつくようにさせてもらえました。

もしかすると、こんなビデオを使わなくとも気がついていた人はいるのかもしれません。表情が一致するまではわからなくとも、赤ちゃんの表情がどんどん豊かになっていくことは、気がついておられる方が多いでしょう。笑顔ばかりではなく、いろいろな表情を、微妙な表情もできるようになっていきます。わたしたちは知らない間に、こうしてかなり高度な交流ができるようになってきています。気持ちがわかるというのは、言葉にはなっていない次元で考えると、このように表情が一致する、表情が豊かになったときではないでしょうか。同じような気持ちになっているからこそ、同じような表情が生まれています。気持ちは本来はわかるものではなく、通じるものといったほうがよさそうです。表情が一致するようになるとは、気持ちが通じるようになっていることです。

✻ 行動の変化への兆し

ここまで育つと、表情を見ながら行動を変えることができているでしょうか。行動とはいっても、まだ歩くことができていません。そうですと、行動を変えるといってもその差は大きくなく、意外とわたしたち大人は気がついていないのかもしれません。また、考えて行動をするというところまでは育っていませんので、表情を見ながら考える次元ではなく、判断して行動をわずかに変化させているだけです。考えることなく判断するという言葉が難しいかもしれません。言葉が生まれていませんから、わたしたちが使う考えるという手法はできていません。しかし、脳はその機能を使って反応を起こさせます。こうして相手の表情を見ながら、自分の行動を変化させています。その間に考えるという時間のかかる行為が入らないのです。さっと行動が変化しています。考えるではなく、感じるとしたらいかがでしょうか。感じて行動すると表現すると、いくらかわかりやすいでしょうか。これも見てきたような言葉ですから、実態をどのぐらい反映しているのか難しいところですが、当たらずとも遠からずと考えています。

子育て・支援のヒント

表情が一致するようになると、気持ちが通じるようになってきます。

5 人見知り（8カ月不安）する

❀ 目で話をする

私たちは顔を見るときに、どこを一番よく見ているでしょうか。一番よく動く口でしょうか。でも私たちはきっと、口はそこまでしっかり見ていないのではないでしょうか。もしとてもよく見ているのなら、口話（口の動きを見て言葉を読み取る）を身につけるのに苦労はしないでしょう。意識化ということが難しいだけで、実は情報が入っているのかもしれませんが、そこはわかりません。それよりも、目のほうをもっと見ていないでしょうか。目の色と言います。目は口ほどにものを言うとも言います。うまく言葉にはできていませんが、目についての情報をかなりとっているのではないでしょうか。

目から細かい情報を取ることができると、目そのものをコミュニケーションの道具として用いることができるようになります。目でもってお話をすると言います。目でお話ができるとはどのようなことなのでしょう。わたしたちはそのことを意外と意識することができません。わかりやすい例をあげます。診察をしているときに、親の話を聞くために子ど

も一人で遊んでいてもらいます。言われる前から、玩具など自分の関心のあるもののほうに行ってしまう子から始まり、親から離れられない子、玩具のほうに行って少し遊ぶと戻ってきてしまう子、そして遊んでいたのに手が止まってこちらを見ていて、母と目をかわすとまた遊びに戻っていく子まで、いろいろな子がいます（これは子どもの発達の順にあげてみました）。一番最後の子の行っていたこと、目を合わせて遊びに戻る、これが目を使ってのお話です。これを指摘されるとわかりますが、何も気がつかずに行ってしまっていることが多くないでしょうか。

⊛ 相手に合わせた交流へ

こんな連想をしてみましょう。このときに母ではなくわたしと目が合っても意味はないです。そんなこと当然なことですと言われてしまいます。目でお話するとは、かなり複雑なやりとりをしているのかもしれません。他の人では代われないような。それが一番はじめに見られるときを人見知りと言います。はじめての人の顔をジッと見てそのまま泣き始めてしまいます。何度も顔を合わせている人だと、どんどん交流が進んで安心して次へ進んでいきます。しかし、はじめての人と目を合わせたときには、どうしたら次に進んでいくのかがわからずに、ジッと目を見たまま、そらすこともできずに泣き始めてしまいます。これをわたしたちは人見知り（8カ月不安）と呼んでいます。このときに相手の人が目をそらせていただけると、泣くまでいかないですみます。

目の細かい表情（顔も含んでいるのかもしれませんが）によって交流ができるようになっているのですが、その一人一人の違いまでをキャッチするようになっていると考えてみるとどうでしょうか。この考え方は、発達心理学者の鯨岡峻の本から得たものです。これより以前は特に誰という区別もなく、微笑んでいると言い切っていいのでしょうか。ちょっと疑問になってしまいました。たぶんなじんだ人とどこかくっついている、抱かれていたり、負ぶわれていたりしてるから、他の人にも微笑んでいます。これが一人ぽつんと置かれていたら、きっと微笑みません。人見知りは抱かれていても起きます。このときに視線がしっかりと合っているのでしょうか。意外と合わせずに泣き出していることが多い気がします。これは、もう一つ先の段階といったほうがいいかもしれません。しかし、ときに誰か見知らぬ人が入ってきただけで泣き出してしまう赤ちゃんもいます。不安の程度がいろいろあると考えてみようと思います。

知らない人に抱かれても、にこにこしているときもありました。まだ、一人一人の違いをわかった上での交流にまでは至っていないときと考えています。それが、目のようにわたしたちがほとんど表現することができないような、微妙な違いまでをキャッチすることができるようになって、一人一人の交流の仕方の違いがわかるように発達していくと考えてみましょう。それがわたしたちが言う目でお話することだと考えると、少しおさまりやすくなるでしょうか。別の言葉にするとなじみが育ってきたとも言えます。

子育て・支援のヒント

目で話ができるようになり、一人一人の交流の仕方の違いを学んでいきます。

6 まなざしが気にかかる

＊情報の共有

さて、話を少し先に進めます。目でお話を始めているときを考えてみましょう。わたしたちは赤ちゃんがこちらの顔を見てくれているときはいいですが、目が他へ動いたときどう感じますか。こんなことはまずめったにないことでしょう。それが起きたら、「えっ、どうした?」と赤ちゃんが見ているだろうところを見てしまいませんか。もちろん、こちらをジッと見てくれるという前置きがないと目が動いてにはなりません。そして、まったく同じことが赤ちゃんの側にも育ってきます。私たちのほうが視線をそらすと、きっと赤ちゃんも驚いてしまうかもしれません。えっどうしたの、と慌ててわたしたちの視線の先に何があるのだろうかと、その見ているほうへ赤ちゃんも視線を移動させます。

こんなことが起きても、赤ちゃんと2人だけだと確認の方法がありませんね。いつからできるようになったのかもわかりません。ただ、ちょっとよそを見て視線を戻すと、赤ちゃんの視線もずれていて、少ししてからまた視線が一致するということで気がつくぐらいでしょうか。もしかして同じところを見ていた？と意識しますでしょうか。

このことはとても大きな変化をもたらします。表情でもってコミュニケーションができ、さらには目でお話ができるようになってきていました。これがもう一つ先へと進みます。わたしたちは赤ちゃんと同じもの、あるいは同じ情景を見ることができるようになりました。すなわち、同じ情報をキャッチすることができるようになってきました。こんな簡単に言っていいでしょうか。同じ方向を向いたからといって、同じものを見ているとは言えませんよね。ただ、私たちはどこを見ているかわからない目、まるで宙を見ているような目ということがわかります。目の色を見るとは、きっとこのようなことも含めて指しているのではないかと想像します。同じ方向を向いた目が、あっ、あれを見ているなとわかることが多くなります。本当にあっているのかどうかは聞いて確かめるしかありませんので、赤ちゃんで確かめることはできません。でも確かめることができる人と同じような目をしていたら、同じところを見ているなと思います。わたしたちは目の情報から、こうした細かい情報を得ているのではないでしょうか。

❃ 体験の共有へ

ここのところはまだ十分詰められていない仮説です。ただ、この仮説を採用すると、わたしたちは目でもって同じ情報を取り込むことになっていきます。同じところを見て、目を合わせて表情を交換する。かなり細かい交流ができるようになってきていませんでしょうか。ここまで来ると、あれを取ってと目あるいは指を使って指して伝えることができるようになっています。この程度のことは、言葉がまだわかっていなくても伝わることができるようになります。こうして伝わったことに添えられた言葉を覚え、言葉が身についていきます。わかっていることに対して言葉がついてきます。そうでないと、どうして言葉がわかるようになるのか、わかりません。言葉がわかるようになる前にコミュニケーションが成立しています。だからこそ、言葉を覚えることができるのです。

もう少し単純化して説明します。赤ちゃんが見ている、親も見ている、中には見ることができないこともあります。赤ちゃんが自分を見ていてくれるからこそ、「ママ」という言葉が何を指しているのか赤ちゃんに伝わります。そしてその言葉を覚えます。あまり人を見ていてくれない赤ちゃんに対しては、車を見ているときに、「ブーブ」と声をかけることで、「ブーブ」がわかるようになります。人は見ていませんが、同じものを見ています。このときにはコミュニケーションが成立します。

お互いにうまく通じ合っているからこそ、そこに添えられた言葉がうまく吸収されました。そしてこの見るという作用は他の感覚も引きつけているのではないでしょうか。見ているものが発する音をキャッチするようになります。人をジッと見てきたからこそ、人の発する声もキャッチするようになってきました。見ることによって、見る情報がまず一致します。そしてそれに付随する他の情報（視覚以外の感覚）も同じ情報をキャッチすることが増えていきます。こうしてわたしたちは情報の共有化が進み、コミュニケーションが円滑に行えるようになっていきます。

ここまで書いてきて、コミュニケーションを別の面から振り返ってみたくなりました。コミュニケーションとはまさに、体験を共有できることを言うのではないでしょうか。同じような情報を得て、そのことで同じように体験することができるようになる。そうすることでお互いにわかり合うことができます。違う情報を用いているときには同じ体験を共有することができませんので、わかり合うことができません。すなわちコミュニケーションがとれていません。同じような体験をするためには、言葉より前に同じ情報を取り入れるようになることが必要になります。この取り入れる情報がお互いに違っている限り、同じような体験はできないわけです。

子育て・支援のヒント

情報を共有し、体験を共有して、わかり合えるようになります。

7 なじむ

＊体験の蓄積

以上のことを言葉を変えると、なじむと言ってもいいのではないでしょうか。コミュニケーションが成立することで、共有された体験になります。ある一つの状況があっても、そのどこを切り取るか（どの情報をキャッチするか）によって体験が異なってきます。同じ体験になるには、同じような情報を得ていないことには成立しません。同じような体験を同じ場所あるいは同じ人との間で繰り返し、その場その関係で起きることをおおむね予想できるようになったときを、なじむと定義したらどうでしょうか。しっくりしますでしょうか。しなければ捨ててください。わたしたちにとってこの段階で必要なことは、論理的に整合していることではありません。自分の感覚にしっくりすることができるかどうかが一番大切なことです。まさになじむことができるかと言い換えてもいいのかもしれません。一般には腑に落ちると称しているのではないでしょうか。

少しまた戻ります。同じような体験の繰り返しをすることで予想するようになるのですが、この予想は言葉にできていません。その意味では、予想という言葉が当たっていないかもしれません。体験の貯蔵庫があって、以前に体験したことが引き出され、次に起きることが貯蔵庫から出てきて、実際に起きることと一致します。このようであると、とても安心できませんでしょうか。しかも、自分はそのときどんな風にしたのかも想起されて、その通りにやればいいとしたらかなり楽で、安心できませんか。この想起はとても細やかなことまで含まれていますので、ちょっとした違いも違いとしてわかるのではないでしょうか。赤ちゃんの体験はどんどん貯蔵庫に貯蔵されていくという表現が、記憶という言葉よりはしっくりきました。貯蔵庫にかなりたくさん蓄えられてきて、なじみが育っていると考えてみると面白そうです。

子育て・支援のヒント

これまでの体験とこれから起こることが一致すると安心します。

8 なじみから安心感、安全基地へ

❋ 不安になったら戻れる場所

さらに言葉の遊びが続きます。なじみとは交流ができてつながることです。つながりができるとわたしたちは安心することができます。この安心の育った関係のある場が安全基地になります。安全基地とは、ここから出て探索をして、不安になったら戻ってくるところです。最初のうちは短い時間、短い距離しか離れることはできません。そのうちに少し遠くまで、少し長い時間離れることができるようになっていきます。それでも何か不安なことが起きると、すぐにこの安全基地に戻って安心を得ます。

安心できる場所があるからこそわたしたちは活動ができます。こうした場がないと、いつも最大限の警戒をしていないといけません。これがわかりやすく現れているのが、ＰＴＳＤと称される事態です。心的外傷後ストレス障害と訳されています。安心できていた人が安心できなくなって、いつも警戒ばかりするようになってしまいます。これは変化が起きていますからたいへんわかりやすいです。しかし、最初からこの安心できる場ができていない人にとっては、警戒しているのが当たり前の事態ですので、意外と気がつきません。すなわち、この安心できるところがなくなることを、わたしたちは心的外傷と称していま す。最初から安心が育っていない人についてはなんと言ったらいいのでしょうか。あったものがなくなってわかるというものです。最初からないのはこれが当たり前の事態であって、変化は起きていません。当然本人は気がつくことがありません。みんなが同じような事態だと思うのではないでしょうか。

逆にわたしたちの側から見ますと、あって当たり前のことは、誰にでもあるものとして対応してしまいます。しかも、いちいちそれを考えることのない事態であると、わたしたちはまるで気がつくことができません。幼児では、何か不安になることがあったときに、親の元に駆けてくるかどうかということで気がつくしかありません。安心が育てば育つほど不安になることも減り、母に助けを求めることが少なくなります。安全基地がしっかりと心の中に保持されるようになったのです。しかし、最初の安心が育っていないとどんなふうになっているのでしょうか。

成人の側からこうした事態を複雑ＰＴＳＤと呼ぶ人もいます。わたしの中では、ここで説明したように、安心が生じていません。それを心的外傷と称すること自体に承服できません。傷がついたと理解されると何か違うのです。安心がまだ育っていない事態です。確かにいつも警戒をしています。安心して眠ることもできません。一度できあがったものが壊されるのと、できあがっていないのでは、同じに扱うことができないとわたしは考えます。ただ、精神科では大人の理論でもって子どもを類推することが行われてきました。本来ならば育ちを考えて大人を理解するほうがわかりやすいのではないかと考えています。

子育て・支援のヒント

安心が育てば育つほど、母に助けを求めることが減ってきます。成長です。

第3章 ＊ 通じる体験が育てること

これまでの発達で、人と通じる（つながる）ことができるようになってきました。この通じるという体験がとても重要なことだと筆者は考えています。言葉が生まれて通じるようになるわけではありません。言葉が始まる以前の通じる体験が、その後の関係性の発達を促進する重要な役割を果たしています。この章ではその発達を説明していきます。

1 体験とは？

❋ 情報のキャッチの仕方によって決まる

通じる体験と書いてしまいましたが、体験ということを改めて考えないと先に進めません。体験とはけっして客観的なものではありません。その人自身の体験ですので、本人が主観的にどのように体験したかです。こちらがいくら通じていると思っていても、本人の側がわからなければ通じない体験です。体験とは客観的にどんな状況であったかではなく、本人がどんな情報をキャッチしているのか、その情報に基づいて体験が成立します。第三者的に見てどうであるかではありません。ここで大事なのは本人の認識したことです。本人が体験したことが身についていきます。

くどいようですが、もう少し説明します。本人がどのような情報をキャッチしたかによって、すなわちキャッチしている情報によって体験は成立します。そしてその体験からは学習が行われます。何かよくわからないけど、「わかったでしょ」ときつく言われたときには、「はい」と返事をするしかないようだというのは、何度かあった体験からの学びです。「わかりません」の返事をしたときに叱られた経験が重なったのでしょう。
わたしたちは勝手に通じている前提で発想していますので、体験は同じように起きているると思ってしまっています。体験は異なっているという前提を置くようにしていかないと、この本での話は難しくなります。キャッチする情報が異なれば、体験も異なっているということを頭に入れてください。

子育て・支援のヒント

体験はどんな情報をキャッチしたかによって決まります。

2 安全、安心、信頼

＊胎内での体験

安全、安心、信頼という言葉の区別がわかりにくいのではないでしょうか。そしてまだ言葉の生まれていない赤ちゃんにとっては、こうした言葉の微妙な違い以上に、ここに共通して感じ取られる何かを体験していきます。安全であると感じることが安心なのでしょうか。そして安心を周りに見ることを信頼というのでしょうか。はじまりには個別性がありません。最初の発達のところで書きましたように（40ページ）、一つの世界として感じ取っていますから、信頼という言葉はなく、安心できる一つの世界としか言いようがないかもしれません。

この世界はお腹の中にいるときから始まっています。赤ちゃんがではなく、赤ちゃんをお腹に持った母が、その母を取り囲む世界がすべて安心できるようなのかを、お腹の中で感じ取りはじめています。そのことから考えれば、生まれたときにはもう安心感はいくらか育ってきます。生まれ落ちたばかりの赤ちゃんの差を感じたのは、乳児院での体験です。

どうして乳児院にいる赤ちゃんは過敏な赤ちゃんが多いのだろうと疑問に思いました。少なくとも母の元にいる赤ちゃんと比べて、過敏な子が多い印象を持ちました。遺伝子と考えてしまう人もいるでしょうけど、わたし自身はお腹の中にいるときの環境ではないかと考えました。いわゆる胎教と言われる文化がこれを象徴していると考えます。

この点で聞いたことでは、胎児記憶の話を産婦人科医の池川明から聞いたときに、お腹の中にいる赤ちゃんに話しかける大切さを聞きました。胎児に記憶があればなおさらですが、少なくともお腹の中でも体験はできて、その体験は貯蔵庫に蓄えられると考えたらいかがでしょうか。記憶として語られるときには、言語に置き換えられます。このときにいくらか変化が起きることはあるでしょうし、体験貯蔵庫から言語の領域にうまく引き上げることができないことも多くあるでしょう。しかし、このような体験によって安心できることが増えたり、減ったりすることがあると考えることは妥当ではないでしょうか。

このように、生まれたときすでに安心感はいくらか育ってきていると考えています。そしてこの後の体験、自分の感じていることを相手にわかってもらえるか否かで、さらに安心感が育っていくと考えられませんか。人と通じる、わかってもらえる体験を積み重ねるにつれて、安心感はますます育っていきます。この世界がわたしを受け止めてくれていると感じることができるかどうか、これはできるできないの二分で考えてもらうとズレてしまっています。とても安心できるから安心できないまで連続していて、そのどこかに位置するのです。

通じる体験をできない赤ちゃんは強い不安を持ったままになってしまいます。わたしたちは人とつながることで安心できて、何とか過ごしています。この安心感なしで生きていくことは難しいと考えます。しかし、わかってもらえる、通じる体験ができないと不安なままです。こんなとき赤ちゃんは、同じことが同じ順番で起きてくる、すなわち変わらないことに安心を得ようとするのではないでしょうか。いつも同じように同じ順番に起きないとパニックになる子どもがいます。このことから連想できないでしょうか。

子育て・支援のヒント

人と通じる、わかってもらえる経験の積み重ねで、安心感は育っていきます。

３ 自信、自己評価

✻ 言葉にならない信頼感

自信も、人に通じた体験の積み重ねによって育っていくものではないでしょうか。通じるよりも、わかってもらえた体験というほうがしっくりする人もいるでしょう。ただ、わたしが考えているのは、かなり早期からわかってもらえる、通じる体験は始まっていることです。言葉などができていない子の、早期にどれだけ通じる体験ができたのかは、自信の大きな基礎になります。

言葉が生まれてほめてもらえることも、大きな積み上げる体験になりますが、そこまで育つ以前の体験がないとすっきりしないのではないでしょうか。自分は親に認めてもらうために勉強を頑張った、たいへんだったと語る子どもがいます。これなどは言葉が生まれる以前の通じる体験が不足していたのではないかと考えます。わたしたちは言葉が始まるより前の言葉になっていない体験に、言葉にならない信頼感の基礎を感じています。そして、自信とは自分に対する信頼感です。人にどれだけわかってもらえたか、言葉になる前にそこでの自信をいくらか育てることができた赤ちゃんは、かなり安定してこの育ちを体験していかないでしょうか。

安心感と違って、この自信、自己評価は言葉が生まれてからもかなり育ち続けます。認められる体験がその後にも重なっていくことが、より自信を持つことになります。しかし、安定させる体験は言葉によらない部分ではないかと考えています。

自己評価が低いと、何としても自分が有利になる体験を続けないといけませんから、勝負事では負けることができません。いつも１番にならないと気がすまない子がいるかと思います。まだ、その時点で十分に自己評価が高まっていないために、自分を持ち上げておくしかないのです。幼児のうちであれば、たいていは周りの人が負けてくれますが、入学以後にこれがあると、我慢が足らないと言われてしまいます。まだ自信が育ってきていないから、自信を育ててもらうしかありません。どんな対応を考えますでしょうか。

子育て・支援のヒント

言葉になる前に、人にわかってもらえる体験を積み重ねると、自信が育ちます。

4　感情のコントロール

❋ アタッチメントの力

感情をコントロールする力も、どれだけ気持ちをわかってもらえたかにかかっています。赤ちゃんが泣いたときにはどのようにしますでしょうか。泣いた原因を探すという答えは、言葉の領域にしがみついてしまった人の反応です。泣いたらまずはあやしてみるというほうが、自然な反応ではないでしょうか。赤ちゃんが泣いてしまったその気持ちのほうに、わたしたちは思いを向けます。その気持ちがなんとなく通じることができたときにはひとまず泣きは収まります。こうして気持ちを汲み取ってもらえて、気持ちが鎮まっていく体験を繰り返すことで、感情をコントロールする力が育つと考えます。

アタッチメント（愛着と訳されていますが、愛という感情を含む言葉があって本来の意味合いとズレると、そのままカタカナで表記されることが増えてきました）の意味をとてもうまく表記してもらえたのが以下の通りです。アタッチメントとは、負の感情に支配されているときに、なじんだ人にくっつくことによってその負の感情が鎮まっていくことを言います。

抱かれて感情が収まっていく体験を繰り返した結果だと考えました。嫌な思いをしたとき、不安を感じたときに、安全基地(69ページ)として頼ることができる人のところへ飛び込んでいくことでこのどうにもならない感情が鎮まっていきます。そして安全基地を心の中へ取り入れることができると、自分の力でもって感情を鎮めることができるようになります。

大人になっても、人に愚痴を聞いてもらうことで気持ちが鎮まっていくことができます。下手な愚痴の聞き方をされ、「そういうときにはこんなふうにしたらいいよ」と教えられようものなら、「もういい、聞いてもらわんでいい」と怒ってしまいます。愚痴は「そうだね、たいへんだったね」と否定されることなく受け入れられてこそ効果を発揮して、感情が鎮まっていきます。これはまさに大人の行うアタッチメントです。まれにこうした発達を遂げていない大人がいます。愚痴を聞いているとどんどん怒り出してしまいます。人にわかってもらった体験が乏しくて、感情が鎮まる経験の不足している人と理解しましょう。こうした人には愚痴を聞くという手が使えません。気持ちをわかってもらえる体験を重ねるしかありませんが、大人になってからではなかなか育つことができません。やはり子どものまだ可塑《かそ》性が十分あるうちに体験してもらいたいです。

子育て・支援のヒント

気持ちをわかってもらい、感情が鎮まる経験によってコントロール力が育ちます。

5 つながりたい、関わってもらいたい

✻ 叱られることもつながること

人にわかってもらえること、それはつながることができたことです。一つの世界のままでいることができれば、わたしたちはきっと寂しさが生じることがありません。どこかでわたしたちは、自分が相手と違っていることを知ることになります。自分が思っているようには相手は動いてくれない。赤ちゃんが泣いている一つの理由にはこんなこともあるのではないでしょうか。生まれたときに世界に放り出されるのではなく、自分なりの入力が他の人とは違っていることを感じたときから、世界に放り出されるのではないでしょうか。これをよりはっきりさせるときが「イヤイヤ」期だと考えてもよさそうです。

それよりももっと前に、わかってもらえる、つながる嬉しさを体験しはじめます。そうするとわかってもらえる、つながる嬉しさをどんどん体験していきます。このときにまずは、関わってもらえる嬉しさとして始まるようです。自分の行動に対して相手が反応してくれる嬉しさです。平均的に育ってきた人はこの期間がたいへん短いようですし、1歳前

に通過してしまっているように思えます。ゆっくり育ってきますと、この時期が遅く、そしてなおかつ、少し長い期間になるように感じています。

わたしたちは、ほめるときよりも叱るときのほうが、より感情がこもっているように思いませんか。叱られたほうがより関わってもらったと感じるようです。それにどちらかというと叱られるほうがより確実に相手の反応を引き出しやすいようです。そうすると子どもはより確実に反応をしてもらえるようにわざわざ悪いことををします。言われてみるとそう思いませんか。叱るほうが、子どもの行動に対してより反応しやすくありませんか。あまり考えていなくてもさっと反応できます。それに対してほめるほうは、考えてしかできないのではないですか。そして子どもは叱られているにもかかわらず、反応してもらえたとちょっとニソッとします。叱られているのに喜ぶなと余計に叱りたくなってしまいます。

まだ、叱られるのは嫌で、ほめられるほうが嬉しいと分化していないのです。こんなときに叱ってばかりいますと、どんどん悪いことをするように学習していってしまいます。この発達を知っているかいないかで対応が変わります。わかっていれば、叱ることをやめて、それ以外のところで子どもに関わることを増やせばいいだけです。今は、関わってもらいたいところまで発達してきていることに気がついて、この先に発達していくのを待つだけです。悪いことをしないように教えることで、発達の邪魔をしてしまいます。教えることが身についていくわけではない、発達の順番を知っておきましょう。

子育て・支援のヒント

まだ十分育っていないうちに叱ってばかりいると、関わってもらえると思い、悪いことをする学習をします。

6 意欲

❋やる気は認められて育つ

意欲よりもやる気という言葉のほうがわかりやすいです。わかることは自分からどんどん行うことができます。とは言っても、同じ繰り返しを続けることは一般的に苦手です。わからないことをやるよりは、わかっているほうを選ぶことも普通のことです。わかることをどんどんやることを、興味がわいているなどと表現されます。なかなかやる気にならないことは大人になってもあります。赤ちゃんにそれがあるのかどうかわかりません。

それよりも、身の回りにはわからないことだらけでしょう。こうしてみたら喜んでもらえたという体験が、その行動を促しているのではないでしょうか。いやがられたらやめる。ここまで育つにはかなり育っていないとできません。通じる体験によって、できて自分が嬉しいだけでなく、他の人の喜びをもらうこともできるようになります。前の節のつながりで言うと、自分の行動によって相手が反応してくれるので喜んでやるようになります。これが認められたり、ほめられたりだと、その先の発達ではより大きな力になります。こうなると一人の力だけで行動するのではなく、周りの人の力も得て行動しています。このような状態のことを、わたしたちはやる気があると称していないでしょうか。自分の力を越えていますから、ますますできることが広がっていきますし、やってみたいことも増えるのではないでしょうか。

いわゆる学校の勉強に対する意欲というのは、まさにこうして人に認められた体験によって育っていくことと考えるとわかりやすくなります。一般的には、できる子のほうが認められて意欲は育っていきます。できない子は注意されるばかりで、意欲が育たない体験ばかりです。できるようになっていることに誰かが目をつけて、そのことを認めてくれると意欲がわいてきます。こうしたことをうまくやっている塾の先生がいます。そこに通うと学習意欲が育ちます。

学習障害ではないかと受診してくる子どもたちの中には、意欲の育っていない子どもがかなり含まれていました。これは学校へ入ってからのことではなく、学校へ入学する以前に、どんな体験をしていただろうかということのほうがより大きな影響を与えています。

子育て・支援のヒント

他の人に認められる体験によって、やる気が育ちます。

第4章 ＊ 言葉によって考える

これまでのところは言葉が生まれる以前で、考えることによって変わることが難しい領域でした。言葉を獲得することでわたしたちは考えることが可能になります。しかも、その言葉は発達によってより精密な表現を身につけていきます。こうして言葉による世界がどんどん広がっていきます。ただ、言葉の特徴として、同時にいくつものことを考えることができません。この世界はこれまでに知能として詳しく扱われています。ここでは言葉以前のこれまでに記述してきたことの関連から考えてみます。

1　言葉が身につく

＊言葉の曖昧さ

コミュニケーションがとれるようになると、そのときに用いられる言葉の雰囲気がわかるようになります。この言葉が状況とともに記憶されて、言葉として使えるようになっていきます。言葉で意味がわかるようになるのではなく、今わかっていることに対する言葉が取り込まれていきます。ただ、言葉が生まれる前のコミュニケーションでは、辞書に説明されるようなはっきりした意味ではないために、言葉が吸収されてもその意味は限定的ではないと考えます。

わたしたちが用いる言葉には、この言葉を身につけたときの曖昧さがあるものです。辞書では言葉を定義しようとしますので、正確にはなりますが、日常に使われるものと微妙に違いが生まれます。外国語を学ぶときに、必ずしもうまく翻訳できないのは、多分に言葉の持つこうした膨らみに違いがあるからではないでしょうか。母国語を身につけていくときには、同時に言葉の持つニュアンスを身につけているのでしょう。外国語を学ぶときには言葉同士の変換を試みますので、言葉の含むニュアンスの違いをうまく変換するのが難しくて、翻訳が難しいことになっていると考えます。コンピューターに用いる言葉にはこうした膨らみ（ニュアンス）がありませんから、わずかに違っても働きませんし、多義的なことがありません。コンピューターの言語は記号そのものと言うことができます。記号として覚えてしまえば、翻訳することは不要になります。

＊音声としての言葉

もう一つ別の、言葉の身のつけ方があります。文字やテレビ、ラジオなどの音声として入ってきて、まずは音として暗記してしまう方法です。昔の自閉の子は文字として、視覚から吸収していました。この方法ですと、言葉の意味の把握は後からついてきます。どのようにして意味と結びつけているのかわかりません。勝手に想像するしかありません。本人に聞いてもわかりません。わたしたち自身が言葉をどのように覚えたのか知らないのと同じことです。多分、まず名詞から入るのではないでしょうか。目に見えていること、キャッチしている情報の名前は入ります。ただし、見ていることが一致していないと、違って覚えてしまうことも起きます。テレビの映像と言葉を一致させて身につけていくことになると思います。この見た情景が一致すると思えたときに、その言葉が出てきます。

まあ合っているのだけど、こんな幼児がこんな大人の言葉を使うとは、と驚かれることもあります。その子なりに言葉を身につけていった結果起きたことです。

一般的には辞書のような言葉の使い方だと言われます。たとえとか、少しニュアンスを使ってということが難しいです。合理的と言われることもあります。言葉を哲学などの学問のように厳密に定義して使うということを、わたしたちはわざわざ学問として行いますが、日常生活でこの厳密な言葉の定義を用いて使うことになってしまいます。従来こうした現象を持つ人をアスペルガー症候群と呼んできました。

子育て・支援のヒント

言葉で意味がわかるのではなく、わかっていることが言葉になります。

2 言葉は考える道具

＊無意識も発達する

わたしたちは言葉を用いることで、はじめて考えをまとめることができるようになります。言葉は考えを明確にさせる作用があります。言葉を使っていないと、判断をしていても考えた実感がわきません。考えるとは、まさに言葉を用いて行っていることと置き換えてみるとわかりやすくなりませんか。逆に言えば、言葉がまだ使えないうちは考えるということができていません。

これまでの発達のことをあらためて考えてみましょう。言葉が生まれてくるよりも前のことばかりでした。そのために、この発達を言葉で表現することがたいへん難しいです。気がつかないうちに判断を下して、行動してしまっていることに対して、言葉を使って説明してみました。昔からの言葉で言うと、無意識という表現になります。言葉が生まれる前には考えることができていない、このような言葉にしたほうがしっくりした感じはありますでしょうか。確かに、考えることができないと言うと、きつすぎます。言葉にして言うことができないと言えば、少ししっくりきますでしょうか。

無意識という言葉を使うときには、発達という言葉がうまくつながりにくかったです。これはわたしだけの現象でしょうか。言葉が使えるようになるまでに、脳の中が順に整理をつけてきていると考えることが、わたしの説明のように思います。これは精神分析が伝えてきたことを、言葉を少し変えているだけだとは思います。しかしながら、わたしにとっては、ここで書いてきたように考えることで、かなりすっきりとすることができました。無意識とまとめられたことを、わたし自身が誤解していたにすぎないのかもしれません。それでも、使う言葉の語感を考えたときには、わたしはこのように説明したいのです。考えるよりも前から行ってきていることを、どのように表現することが自分にとってしっくりするのかの問題だと考えます。

無意識という領域も発達しているのです。と表現してしまえばそれまでのことなのかもしれませんが、無意識という言葉に発達ということがうまく重なってこないように、わたしが獲得してしまっただけかもしれません。

子育て・支援のヒント

言葉が生まれる前には、考えることができていません。

3 言葉以前に身につけたことは考えて変更できない

✻ 感じることの大切さ

考えて身につけたことでないこと、すなわち言葉を身につける以前に育ってきたこと、それはこの本でここまでに説明してきたことです。そうしたことを、考えるという方法では変更することができません。当然といえば当然のことです。考えろと言われても言葉によって成立していることではありませんし、言葉にすることができませんので、考えることができません。

そして、考えることではないにしても感覚のようなことがあり、言葉の生まれる前、すなわち、これまで書いてきた発達が育っていない人は、これまでの説明を受け入れることができません。ここで書いてあることがおかしいと感じてしまいます。自分の実感を説明してくれていない言葉は、言葉のほうがおかしいと言えるでしょう。考えることができない領域を、無理をして考える言葉で表記しようとしています。ここでの説明と自分の実感が一致する人だけが、うまく説明されたと感じることができるのです。ここでの説明を受け入れることができない人がいるという前提で書いています。

私たちは考える以前には、なんとなく感じる機能があると考えてもいいかもしれません。そこでしっくりとすることができる、感じることを私たちは受け入れることができます。その感覚を大事に持っていることが、生きていく上では重要なことと考えます。私たちは自分の感覚と一致することが、受け入れられたと感じるのかもしれません。

自分の感覚でしっくりしないことを受け入れるとは、自分を否定することになります。そんなことを受け入れたら、自分がやっていけなくなります。自分を否定する言葉を受け入れることができないように、自分にしっくりしないことを受け入れることはできません。その感覚を起こすことを否定することが、自分を守ることになります。わたしたちが第一に行っていることは自分を守ることです。自分を守るのに役立たないことは受け入れないに限ります。このことも理解しましょう。

言葉より前の体験が育っていない人には、自分を受け入れてもらう体験を経験してもらうことがまず必要なことです。言葉によって教えることはできません。体験できなかったことを体験してもらうことです。

言葉では空回りしてしまう領域があることを理解しておきましょう。

子育て・支援のヒント

自分の感覚と一致することを大事にすることが、自分を守ります。

4 改めてコミュニケーションについて

❀ 言葉以前を受け取る力

わたしたちはコミュニケーションと言うと、言葉がその中心になると考えます。しかしながら、ここまで書いてきたことからもわかるように、言葉以前の領域を使ってコミュニケーションが行われていることもたくさんあります。そして、その言葉以前のコミュニケーションによって伝えられることをうまく言葉にして考えることが難しいことです。わかってほしい多くのことを意識することなく、言語ではない手段を用いて伝えているからだと考えます。

人間は理性的な動物であるということを原則に現代は考えてきました。無意識に行ってしまうことも意識に上らせることで、すべてを理性的に考えることができるというものです。わたしはここで発達という言葉を使いながら、考えるということ、理性的であるということの基底に、感じる、言葉以前のコミュニケーションによって伝え合うことが働いていると考えることで、いろいろなことが収まっていくことを感じます。

私たちは言葉が、考えることがすべてを支配できると考えてきたのではないでしょうか。しかし、子どもが育つということは、考えることではどうにもならないことばかりです。考えることが世の中心になってしまい、その前に育っておかないといけないという部分を、あまりにも軽視してしまっている現代をみています。わたし自身の一番書きたいことはこのことにあるのだと、やっとわかってきました。そして、その言葉の前の通じ合う経験のことを書きたくなっていたのです。

しかし、とても矛盾したことを行っています。言葉ではないことを、本という活字だけで伝えるという無謀な挑戦をしています。これはわたしにとっては大きな挑戦です。わたし自身はこうして書くことは大変苦手にしています。改めて何が苦手なのかをはっきり意識させられています。話して伝えるときには、言葉以前も使うことができます。ただし、そのことを考えることができていません。しかし、本という手段では、言葉以前を使うことはできません。言葉だけでもって、足らないところをなくすという無謀な試みを行っています。それはできない相談です。きっと何度も反復して足らないところを補おうとします。完成することのない試みを続けるのですから、どこかで諦めるしかありません。今言葉にできるレベルで諦めることが本を書くことのようです。

そして受け取る側にも言語外を受け取る力が必要になります。わたし自身多くの師匠から教えられ、学ぶことのできなかったことが多いことに改めて思い至っています。伝えるほうの難しさ、受け取るほうの難しさがやっとわかるようになりました。伝わらないときは、書き手が悪いと思っていただいたらいいです。言語外をうまく言語化できていないのです。

わたしのレベルで言葉にすることで、名人が言葉にしているよりもわかりやすくできるのではと思っていましたが、もちろんずっと下のレベルのことです。でも、結局伝わらない人には伝わらない言葉になってしまっています。これは仕方のないことだと考えています。ただ、ここから伝わらない人への対応法も見えてくるのが救いです。わかってもらえる体験を繰り返してもらうことしか育ちは起きません。すでに成人になってしまった人の体験はとてもたくさん重なっていますから、少しぐらい体験してもらったところで変化は起きないかもしれませんが、わずかな変化でも起きればたいしたものだと考えています。

子育て・支援のヒント

子どもが育つということは、考えることではどうにもならないことばかりです。

第5章 ＊ 二人関係の育ち

一対一の関係の育ちをもう一度まとめてみます。繰り返しの部分が多いですが、おつきあいください。コミュニケーションがほどほどにとれるようになってからのことです。

1　世話をする人とされる人の関係

✻ 相手に合わせる

少しずつ通じることができるようになり、この内容なら通じているなとわかって、通じる内容を選んで話すようになった関係です。通じるようになったとはいえ、一方が相手に合わせてくれるからこそ成立する関係です。うまく合わせてもらうことで、ある程度相手からの要求に応えることができます。自分の気持ちを受け取ってもらえるからこそ成立している関係です。きっとこうしてわかってもらえる体験を繰り返すうちに、少しずつ成長していきます。キャッチすることのできる情報のうち、こちらとの重なる部分が少しずつ増えていきます。そうすることによって少しずつ通じること、わかる範囲が広くなっていきます。まさに交流のできる幅が広くなっていくのです。そうなるとさらに、関係のできた人の表情を少しずつ読み始めています。つまり、通じる話をしているときには、相手の目や顔を見ていて、その限りにおいて表情をとらえることができるようになっています。

しかし、一方ではまだわからない領域もあります。そうなったときには、何度も書

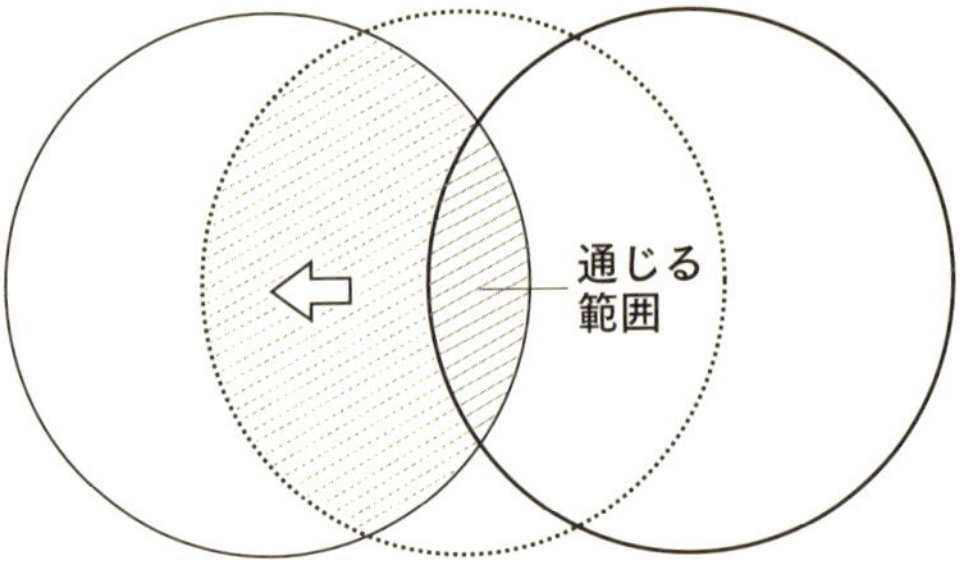

図３　育ちによるキャッチする情報の変化

いていますが、その子の目が泳ぎ始めます。通じない領域に入ったのですから、話をやめましょう。こうしたことのわかっていない人とは、通じない話を一方的にされる体験になってしまいます。そんな人とはまだ話ができません。子どもはこんなときには、「ちゃんと聴いているのか」と問い詰められる体験をしているかもしれません。そんなときにはどのように応えたらいいのか、答え方だけは身につけてしまうかもしれません。「ほんとうにわかったのか？」と聞かれて「わかりました」と返事を返すことを学んでいくだけになってしまいます。でも実際には何もわかっていません。わけのわからない人から追い込まれたときに身を引く方法を見つけて、身につけました。

ここでいう関係は、世話をする人とされる人の関係です。

子育て・支援のヒント

子どもの目が泳ぎ始めたら、通じない領域に入ったので、話をやめましょう。

2 対等な横の関係

✻ 友達という体験

趣味の合う友達ができたときですが、その友達とはほとんど趣味のことしか話していません。それでも友達の体験になり、表情も読むことができるようになっていきます。こうした友達ができたときに、彼らは大きく成長することができます。

それは自分の思いをどんどん話しても相手が受け取ってくれるし、その内容で話を展開してくれ、話がどんどん膨らむ体験をすることになります。親とか世話をしてくれる相手は、必ずしも自分が一番話したいことに十分に応えてくれるわけではありません。自分が思うままに話して、それで会話が成立する体験が、この友達ができたという体験ではないでしょうか。

同じような思いで話をすることができる体験と言い換えてもいいかもしれません。こうなることでまさに相手の気持ちがわかるようになります。自分の思いがそのまま相手の思いと重なる体験をやっとできたのかもしれません。

話が通じる体験をすることが、どれほど大きく私たちを成長させているのでしょうか。この体験ができないことで育ちを阻害されてしまってきた人を、発達障害という半専門用語でわかったような気になってしまうことの危険性がここから見えてきます。どれほど大きなこころの体験を欠いているのか、その連想をすることが私たちの側に課せられた課題ではないでしょうか。

対等な横の関係とは、通じないことを心配せずに会話することができるようになった状態です。私たちは、これをあまりにも当たり前のこととして行動しているのではないでしょうか。通じない体験だということも理解できずに双方がとても苦労してきているのが、この人たちを取り囲んだ周りで起きています。

通じる体験を積み重ねてしまえば、その人の体験が変わり、診断基準には合致しなくなっているでしょう。しかし、責められるなどしてわかってもらえない体験を再び積み重ねることが起きると、また見事に自閉症スペクトラムの診断がつくような状態になることがあります。通じない体験が起こしていることと理解すると、対応策が見えてきませんでしょうか。

子育て・支援のヒント

対等な関係とは、通じないことを心配せずに会話できる状態のことです。

第6章　＊　子どもは社会の中で育つ

私たち人間は子どもを育てるために社会を形成してきました。それは逆かもしれません。社会が生まれたことで、子育ての方法が変わったのかもしれません。これは現代になって一番忘れられてしまっていることです。いずれにせよ、私たちは社会なしでは子どもを育てることができません。その視点をここでいくらか書いておきます。

1 親が社会に支えられ親子ともども育つ

＊子育てはうまくいかなくて当然

子育てには正解がありません。それは言葉の世界ではないところで受け止める必要があるから起きていることです。言葉でもって説明し尽くすことができないし、論理的に収まることができないということです。言葉で尽くせませんから、教えるが成立しません。必ずうまくいく方法がありません。うまく収まらないことに耐えていかなければなりません。そのためには、親自身が周りの人に支えられていないと身が持ちません。子育ては親で完結するのではなく、親を含めて周りの人が支えることで行われることです。

少し言葉を変えます。子どもが何の失敗もなく育つのは育つと言いません。失敗した中で多くの人に支えられて乗り越えていく体験が育つことです。うまく育っていない子育てに対して虐待などという言葉を使うのはとんでもないことです。うまくいかなくて当然、それを周りの人が一緒になって支えることで、乗り越えて育っていきます。子どもの育ちに関わる機関だって同じことです。完璧に失敗なくできるというのを子育てとは言いませ

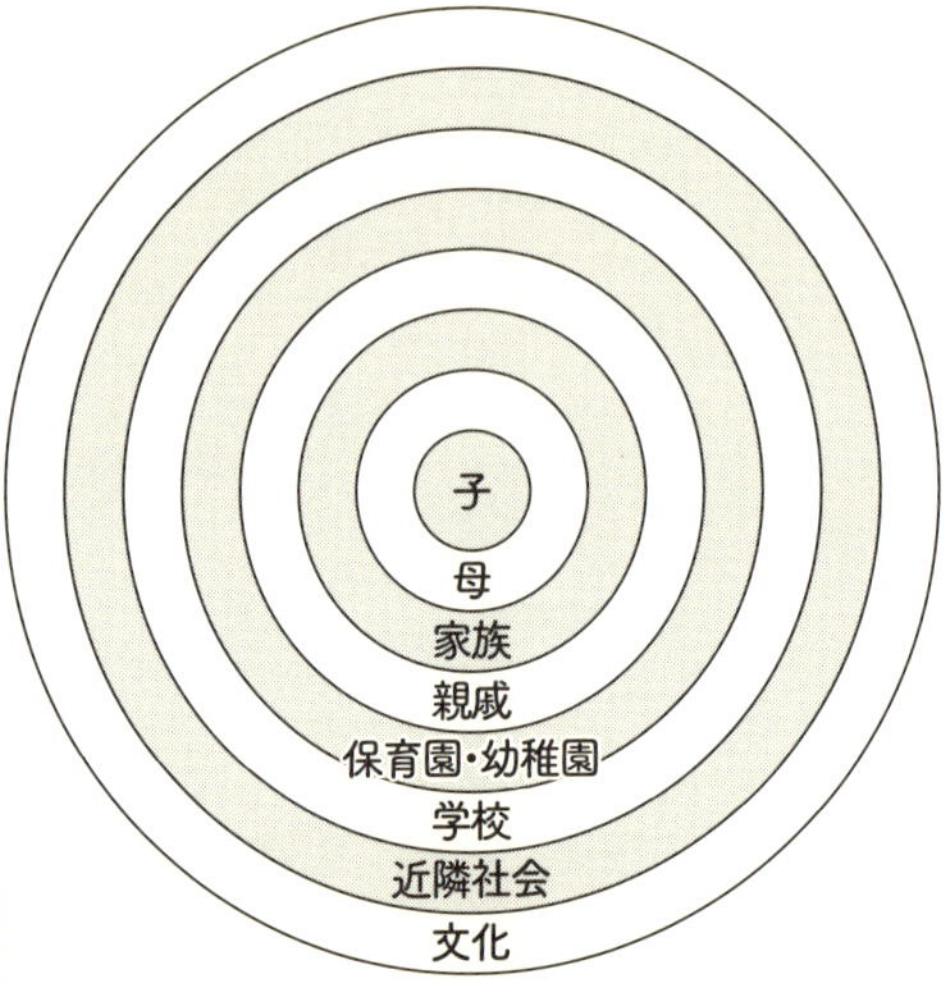

図4　子育ての輪

ん。大学卒業まで一度も失敗なく育ってきた人を雇いますか。うまくいかない体験をどのように乗り越えていくかを身につけることが育ちです。こうした意味で、社会全体の支えがないと子育てはうまくいきません。子育てと物作りとはまったく異なることです。

図に示しましたように、多くの人々に支えられて子どもは育っていきます。親が子を育てるのではありません。親も周りの人々によって育てられます。そして周りの人々もその周りの人によって支えられているのです。こうした何重にもわたる支えこそが子育ての構造です。

子育て・支援のヒント

子育てはうまくいかなくて当然。周りと一緒に乗り越えていくものです。

2 社会の中で子どもが育つ

✻ 家族の中だけで育つのではない

子どもは社会のいろいろな人とのふれあいの中で育っていきます。赤ちゃんのときには、人見知り前にいろいろな人に笑顔を振り向けて、たくさんの交流を体験することは書きました。親とだけの間で育っていくとしたら、そのほうが怖いことと思いませんか。いろいろな人といろいろな関係を結びます。その関係の総和がそれこそ性格と言われるものになります。たくさんの関係があるからこそ平均的になっていきます。それでも目立つ人は目立ちますが、関係が多くなるにつれて丸くなると言われるようになっていきます。関係はこの場合、体験と言い換えていいかもしれません。人と共有できた体験が増えていくことこそが育つということです。

こうして考えてみますと、人は社会の中で育つのであって、けっして家族の中だけで育つのではありません。今の時代、社会とのズレが大きく、孤立してしまった家族の中での育ちがうまくいかなくなっています。社会の中で子どもが育っていくと考えれば、どんな家族の元であろうとも、社会という存在の中で平均に近づいていくことができます。
　文化とわたしたちが称していることが、まさに社会です。社会の中で育つとはまさにこの文化を身につけていくことで、それは家族の中で収まることができません。育ってから社会に出るのではありません。社会の中で育っていくのです。社会の中にいるすべての人が安心できていくように考えていくことが重要なことです。

子育て・支援のヒント

社会の中で育つとは、文化を身につけていくことです。

第2部
自閉症スペクトラムの発達を理解しましょう

自閉症スペクトラムとは、これまで書いてきました、コミュニケーションの発達遅れと考えるとわかりやすくなります。微妙な遅れから大きな遅れまで幅があり、すべてを同じように扱うことはできません。しかし、遅れと考えれば原理は同じですので、その子が今発達しているところに気がつき、そこに寄り添うことが基本です。

人の顔を見るのが多少遅れても、３歳ぐらいまでに視線の先を見ることができるようになるならば、あえて診断などしないほうがいいと考えています。ただし、いくらかの傾向を持ち合わせる子どもにはなりますので、この理解の仕方は知っておいていただいたほうがいいとは思います。

第7章 ＊ 発達にしたがう

コミュニケーションの発達が遅れるとどんなことが起きるのでしょうか。笑顔の交流が遅れます。表情をキャッチしていません。しかし、このことには意外と気がついていません。この先に進み、まなざしによる交流、まさにまなざすことで伝えること、どんな情報をキャッチしているのかが、わかりません。このズレにすら気がついていません。こうしたことが起きていることに気がついて、どのようにしてつきあうのか。その点を書いていきます。

1 キャッチする情報のズレ

＊わからないからできない

自閉症スペクトラムで一番大きな課題となるのは、通じていないことです。誰もこのようには説明してくれませんでした。好き嫌いが激しいというような説明で、実は嫌いなのではなく、わからないからできないだけなのだと考えると、たいへん納得がいきます。わからないことをいくら言葉を重ねて説明してもわかりません。時間と労力の無駄遣いにしかすぎません。

わたしたちは自分がキャッチしている情報に関わることであれば、説明をされればわかります。しかし、何の情報もつかんでいないことを説明されても、何のことであるのかわからず、さっぱりわかりません。たとえば猿に名前をつけてその名前の猿ごとに説明されたときに、その話を聞きますでしょうか。わたしたちは猿の細かい情報は捨ててしまっていますので、猿はすべて同じに見えて区別することができません。それなのに1匹ずつ区別をしたことができた上での話をされても、まるでたとえ話を聞くようで、現にいる猿とは結びつきません。わけのわからない話をする人だと、聞き流したりしませんでしょうか。

他の例も使います。ＡＨＡ体験をご存じでしょうか。絵とか写真を見ていて、変わっていくところを見つけてくださいというのが一時期流行りました。多くの人が一生懸命見ているのに、変わっていくところを見つけることができません。これは捨ててしまった情報と考えるとわかりやすいです。目ではとらえていても脳の情報を判断するところまでは送り込まれていません。その前の脳の段階で捨てられてしまっていると考えます。わたしたちは、こうしたキャッチしていない情報のことを言われてもわかりません。

✽情報の組み立て方を知る

さらにもう一つ例を挙げます。わたしは診察のときにジグソーパズルを用いることがあります。このとき気にかけているのは、あるピースとあるピースをつなぎ合わせるのにどんな情報を用いているのだろうかです。わたしたちが普段使っている情報を用いているときには、さっとこの情報を使っているなとわかります。慣れてきましたので、自分では用いない情報を使われても少しわかるようにはなりました。しかし、ときにはまったくわからないことがあります。多分ピースの絵を用いずに、形で合わせた場合です。この情報はわたし自身がうまくキャッチできないためにわかりません。ピースの形による違いをキャッチできていません。

診察の後で親御さんと共有します。「不思議な並べ方をしたと思いませんか」「これを見てよと指示したくなりませんでしたか」などと声をかけます。この子はこの子の得た情報に従って組み立てていきました。わたしたちは、この子がどんな情報を元に組み立てているかをまず知るようにすることが必要です。それがわかれば、彼らがキャッチしている情報に基づいてアドバイスすれば、アドバイスは採用されます。たとえば、この色で並べているのかもと思ったら、その色のピースで隣に来るピースを近くに置いてみて、彼がそのピースを採用すれば、あの色を情報として使っていたとわかります。使われなければ予想がはずれていたということです。では他にどんな情報を使っていたのだろうかと探します。

自分が教えたいことは、自分がキャッチしている情報によっていますから、彼がキャッチしていない情報であれば、わかりません。かえってわけのわからないことを強要されて、助言したことによって混乱を起こすのがオチです。これがこれまで日常生活で行ってきたことです。と説明すると、多くの親御さんにわかっていただくことができます。

子育て・支援のヒント

子どもがキャッチしている情報に基づいてアドバイスするようにしましょう。

2 キャッチしている情報のズレに気がつく

＊まなざしの先を見る

万が一お互いのキャッチする情報が全くズレていたら、お互いには何もわからないことが起きます。当然、発達はここから始まっています。何か不思議な子だなと感じたり、こちらのことがわかっているのだろうかと思うはずです。しかし、一人目のお子さんだと子どもはこんなもので、言葉がわかるようになったらわかるのだと思ってしまいがちです。不思議なことですが、コミュニケーションがとれなければ言葉だってわかるようにはならないという連想はありません。

キャッチする情報が一致してくるためには、前述しましたように、表情をキャッチして、そのまなざしがとても気になり、まなざしの先に何を見ているかを見るようになることで起きてくると考えられます。そこまで目を見てくれない赤ちゃんでは、この情報の一致が起きにくいわけです。

まるっきりコミュニケーションがとれないときには、まずは彼らがどんな情報をキャッチしているかを知るようにするしかありません。彼らはどんなものを見ているのでしょうか。彼らのまなざしの先を気にしてみることから始まります。ただし、彼らのまなざしは何か不思議なところがあって、何を見ているのかよくわからないまなざしが多いと思います。これはまなざしの共有がなされないことによる、共感覚的なことが起きていないのではないだろうかと考えています。何を見ているのかわかるのは、そのまなざしの使い方がわたしたちと同じようになってこそわかることなのです。わたしたちは、いろいろなことを共有することで身につけ発達し、交流できるようになるのでしょう。

＊行動から情報を推察する

まなざしではもう一つうまくつかめないときには、彼らの行動をよく見ましょう。人はキャッチした情報で行動します。彼らの行動からキャッチしている情報を推測します。赤ちゃんが動き出したときにはどうするの？と思っても、最後まで行動を見ていることでこれに興味があったのかとわかります。赤ちゃんにつきあってくるうちにこれがあれば、まずこの方向に動くとわかるようになります。それこそが赤ちゃんがとらえている情報です。この情報の領域に働きかけると、赤ちゃんに通じることが多くなります。

自然とうまくつきあってきた親御さんと赤ちゃんですと、赤ちゃんが目を向けたものの名前を告げたりしていることが多く、「ブーブ」が最初に話した言葉になることがあります。彼らがとらえた情報に働きかけをしていますと、その情報はキャッチしてくれます。そして「ブーブ」を覚えることができるわけです。

わたし自身興味があったとわかるようになりますと書いていています。本当の意味では興味があったと言っていいのかわかりません。わたしたちはキャッチした情報に反応して行動を起こします。一般にそれを興味と言っています。そして、コミュニケーションがとれている赤ちゃんがわけのわからない行動を取ることが少ないのは、その行動を起こすきっかけとなる情報を捨ててしまっているにすぎません。キャッチしてしまった情報に影響されて行動を起こします。こうして行動することを興味を示すという言い方をします。

子育て・支援のヒント

キャッチしている情報を共有するために、子どものまなざしの先をとらえましょう。

3 目を合わせる体験を増やす

❋ 行動に合わせて音を出してみる

キャッチしていると思われる情報に合わせて音を発しますと、その音をキャッチしてくれることが多いです。生まれる前から音はキャッチしていました。赤ちゃんがキャッチしやすいのは音のようです。彼らの行動に合わせて音を出すことができれば、反応してくれます。試しに赤ちゃんの行動に合わせて音を出してみましょう。これがうまく合ってキャッチしてくれますと、一瞬こちらを見てくれます。通じた瞬間です。彼らも通じることができれば、そのときには目を合わせてくれます。こうした瞬間をどのようにして多くしていくかが、最初の課題です。

彼らが出してくれる声に、完全に同じ音を出すことができれば、通じます。しかし、簡単なことではありません。わたしたちの声の出し方は文化によって規定されてしまっています。実際に普段使うことのない音は、聞き分けることができなくなっていますし、その音を発することも難しくなっています。日本語の発音はできても、外国語の日本語にない発音は難しいです。その音を聞き分けることも簡単にはできません。このようにわたしたちは声も通じ合うことで合わせてきてしまっています。誰にも合わせていない声に合わせるのは、至難の業です。訓練が必要になります。逆にコミュニケーションのとれてしまった赤ちゃんは、わたしたちと同じ発声になっていますので、合わせることが簡単です。

コミュニケーションのとれるとれないは、これほどいろいろなところに影響を与えています。しかし、言葉によっていないために、この違いに気がつくことは難しいです。それは皆と同じようにできるようになっているという前提の上に、すべては発想されています。こちらが勝手にコミュニケーションがとれているという前提で考えてしまっています。コミュニケーションがとれない事態を想定することがありません。コミュニケーションがとれていないことに気がつくことが、まず第一番に行うことです。

通じていないと気がつくことができたならば、その次に行うことは通じる機会を少しでも増やすことです。通じた瞬間には目を合わせてくれます。この目を合わせる体験、すなわち、通じている体験を増やしていくことがこの段階での対応の仕方です。

子育て・支援のヒント

通じた瞬間には目を合わせます。この体験を増やしていきましょう。

4 どんな情報をとらえやすいか

❋ 人の情報より物の情報

わたしたちは興味があるという表現を使います。この興味は意図とは少し異なります。自らの意識によってコントロールするのではなく、勝手に入ってきてしまうのです。ちょっとした音を気にして行動してしまう子どもがいます。わたしたちはその音を聞いていないことが多いです。わたしたちはその情報を捨ててしまっていますが、その子どもはキャッチしているのです。これは残念ながら意識して変えることが難しいことです。言葉を換えますと、子どもが動く理由がわからないときには、わたしたちがキャッチしていない情報をつかまえていると考えることです。最初のうちはわからないことが多いですが、だんだんこうしたものがあると、そこへ行こうとするとかわかるようになります。彼らはキャッチする情報のことを言われるなら、わかって吸収することができます。マークの好きな子に絵カードを見せれば、ものの見事に吸収して理解してくれます。

一般的な傾向でお話ししますと、物の情報、人の情報と考えたとき、私たちは人の情報を中心にキャッチしています。特に人の表情、目など言葉では表現しきれないほどに詳しく情報をとっています。しかし、背景にあたる物の情報はほとんどとっていません。それに対して自閉症スペクトラムと言われる人は、物の情報をよく集めています。先に述べた発達のところを読み直してください。物の情報をよくとらえていますので、どこかへ出かけたときの周りをよく見ていて、一回で道を覚えてしまいます。多くの人はそこまで周りを見ていませんので、連れて行ってもらった道をなかなか覚えることができません。すべての自閉症スペクトラムの人がこうなるとは限りませんが、かなりの人で起きています。彼らだって自分がキャッチしている情報であればわかりますし、覚えることができます。

まなざしで指し示すことができるようになると、指を使って指さしができるようになります。一方では、指で指すことは、まなざしで指すことができなくともできるようになるようです。その場合では、まなざし（目で指し示す）ができないままで、指さしが遅れてできるようになります。

表情などがあまり入っていない（人の顔をほとんど見ていない）ときには、先に書きましたようにコミュニケーションがもうひとつうまくできません。私たちは表情についてはほとんど意識することなく用いています。意識していないために、この表情を使えないことには気がつきません。たとえば、「あれを取って」というときには、多くはまなざしであれを伝えています。言葉自体には情報がありませんので、言葉の意味だけしかつかまえていない人には伝わりません。
また、気持ちがわかるということも、表情と声のトーンによる情報が大きいのではないでしょうか。彼らが人の気持ちがわからないと言われるのは、こうしたことを理解するとなんとなくわかりませんか。そして、人の顔を見るようにと言葉で教えてもできるようにはなりません。それは言葉を介して行われていませんので、言葉の領域でコントロールすることがたいへん難しいです。無理矢理顔を動かしてこちらを見るようにさせようとしても、視線を決めるのは子どもですので、見るようにはなってくれません。

子育て・支援のヒント

子どもの行動の理由がわからないのは、キャッチしている情報が異なるからです。

5 いくらか通じ始める

✻ 通じないときは話をやめる

キャッチする情報にズレがあるといっても、重なっている部分があることのほうが多いです。あるいは、発達してくるにつれてこの重なりが増えてきます。重なっている情報のところを使えばお互いに通じることができます。この交流ができるところを大切に活用することが要点です。できていないことが心配になり、教えることをします。これは情報の共有できていない領域であることが多く、それであればいくら言葉を重ねても子どもにはわかりません。通じていませんので、子どもには理解することができません。こんなことを繰り返すのは徒労です。それどころか、わからないことばかりを話す人と印象づけますので、この人とは関わりたくないという教えを授けているようなものです。

この時期には通じることの楽しさを身につけてもらうことが、まず行うことです。通じない話はやめて、通じる楽しさをお互いに喜びましょう。通じる楽しさを覚えると、子どもの側からも通じる行動をするように促すことになります。私たちは楽しい、嬉しいことを増やそうとするのが本質です。通じる話をしているときには子どもの目がこちらを見ています。そうすることによって、少しずつ表情を読むことができるようになっていく可能性があります。通じない話になると子どもの目が泳ぎ始めます。こうなったら通じていないのですから、それ以上その話をすることの意味がありません。さっさと話をやめましょう。

✻発達の順序の思い違い

これまでにどれほど通じない話をしてきてしまったでしょう。何とかこの子に教えなければ他の子と同じようにできないからと。わたしたちは発達に関して間違った学びをしてしまいました。何カ月、何歳になったらどんなことができるようになるという学びです。そうではありません。物事には順序があります。人の顔を見るようなって、表情で交流できるようになります。それができるからこそ次には目でお話できるようになります。そして目でお話ができるようになって、キャッチする情報が同じようになっていきます。この順に発達をさせたいですけれども、言葉を先に覚えられてしまっています。ただ、こうしたことができるようになった上での言葉ではありませんので、わたしたちと同じような言葉というわけにはいきません。

まずは表情からとはなりませんので、ここでは順は違えていますが、通じる体験から重ねていくことで、少しは表情を見ることができるようになればと考えています。

まだ言葉が十分発達していないときには、チャンスです。言葉の獲得よりもコミュニケーションがとれることが先んずれば、言葉のズレが少なくなります。前のところでいくらか書きましたように、子どもの行動に合わせて声を出すことがいいです。通じたときには子どもがこちらを見てくれます。走っているときに走りに合わせて「タッタッタ」とか、滑り台を滑るときに「シューストン」などのように子どもの行動に合わせた音を出すようにします。運がいいというよりは、正確に子どもの行動に一致していると通じます。こちらを振り向いてくれます。

やったです。こんなことを繰り返していくことができればと思います。最初のうちは空振り（振り向いてもらえない）が多いかもしれません。それでもいろいろとやってみてください。そのうちにどんなとき、どんな声かけが振り向いてくれる確率が高いのかがわかるようになると思います。こうした点は少し努力が必要とされます。

うまく育っている赤ちゃんに対しては知らない間にやっていることです。大きくなってしまうと、わたしたちはそんなことをしていたことすら忘れてしまいます。やっとこのレベルのことができるようになってきているなら、そのときがチャンスです。発達とは、月齢、年齢ではありません。順に起きてきます。それをわたしたちが知っていることが必要なことです。そして言葉の前に通じる体験を十分させてあげたいと思います。そうすれば自然と言葉は出てきます。

子育て・支援のヒント

通じない話はやめて、通じる楽しさを体験するようにしましょう。

6 関わってもらって嬉しい

❋叱らないで行動を変えるには

通じ始めると関わってもらうことが楽しみになります。関わってもらうとは、自分の行動を見てもらってそれに対して反応をしてもらえることです。わたしの行動をそれだけ注目してくれているとわかることです。ただ、反応ですから認められることとは限りません。叱られることも関わってもらうことになります。この時期には叱られるとニソッとした表情をします。喜んでいます。叱られていることがわかっていません。喜んでいるのは、関わってもらえるからです。そして反応してもらえる嬉しさに引っ張られて、ますます悪いことをし始めます。わたしたちは単純に叱れば修正されると思い込んでいますので、ますます叱ることになります。さてどうなっていくでしょう。

さらに悪いことをして、さらに叱って、ついにわたしたちのほうが手が出てしまうかもしれません。そうするとさすがに少し行動が抑制されます。でもまたすぐに悪いことをしています。この子は叩かないとわからない子だと、わたしたちのほうが誤った学習をしてしま

うことになりかねません。最近はこうした現象に子ども虐待などと命名されています。
　悲しいかな、わたしたちは悪いことを見つけるのに長《た》けています。いいことを見つけることはあまり得意ではありません。この自然の状態を修正しなければなりません。この子は関心を向けてもらいたくて悪いことをしているのだ、その手にのってはいけないぞ、と心に決めることが有効です。と簡単にはいかないのが人間です。あ、またやってしまったと反省を重ねる自分を見つけて、うまくできないことをゆるすこころを育ててください。
　私たちは叱るときには、感情も強いですし、長々と説得したりして、より強く関わっています。ほめるときには、ここまでのエネルギーを使わないことのほうが多くありませんか。まだ言葉の内容をわかっていない子どもは、どちらに反応するでしょうか。

対応は単純ですが、なかなか難しくてできません。このときにはいちいち叱らないで行動を変えさせるようにしましょう。行動を物理的に、すなわち子どもを押さえるなどして止めてしまったり、「今はこうしてくれるとママは嬉しいんだけどな」と具体的な行動を示して、他の行動へと誘導してみましょう。彼がキャッチしている情報ならばやってくれる可能性があります。まだ、そこまで育つ一歩手前ですので、うまくいかないこともあります。そうでなければ、叱らないで無視をして、他の何かのときにどんどん関わるようにしてみましょう。自然な方法ではありませんので、ここで書いてあるように簡単にはできません。わかったからできるというほど人間は単純ではありません。でも少し努力してみましょう。

子育て・支援のヒント

関わってもらいたくて悪いことをしていると、わかって関わることが大事です。

7 共有情報が多くなれば甘えが強くなる

✻ 甘えとのつきあい方

通じる領域はだんだん広くなります。このことを起こすのは通じる体験を繰り返すことだと考えています。このようにして発達していきます。そしてある程度以上通じるようになると、急に安心感が増してきます。身を任せられるほどの安心感に育ったときに、人は安心して身を任せることができるようになります。これを甘えが強くなったと感じるのではないでしょうか。

人を頼ることができるようになるには、この甘えの体験が大きな役割を果たしています。しかし、小さな子が甘えることに対してわたしたちは自然と対応できますが、大きくなってしまった子に対して、もう大きいのだからと言ってしまいます。こうなるとせっかくの発達の機会を奪われてしまいます。遅れて必要な甘えがやってきたと理解してつきあうしかありません。小学校の低学年ぐらいまでにこの段階を通過できると、少し楽ではありません。あまり余分なことを考えることなく甘えさせるという対応ができます。子どものほうで甘えさせてもらえるばかりでは、反発を起こすこともあるでしょう。こんなときにはちょっと対応が難しくなります。どんな対応が正解ということはありません。ただ、そのときの正解はあります。子どもの反応が答えです。これは正解ではないと感じたら、別の対応を考えましょう。

❋ 甘えることと性的関わり

大きくなってしまった子に対して、甘えをうまく受け入れる方法があるわけではありません。いろいろ試して正解を探すのが現実だと思います。この甘えを卒業することができれば、先に進めると思ってどのようにつきあえるでしょうか。その対応にはこちらの側の感情の動きも絡んで、頭で考えたようにできるわけではありません。それでかまいません。人間としての苦しみはこんなことから始まっています。すっきりと発達していくわけではありません。ただ、先に発達していくことができると信じるしかないような気がします。そのためには、人の助けも借りましょう。自分だけで乗り切れるわけではありません。

さらに、その時期がもう思春期に入ってしまったときには、対応が遥かに難しくなります。ふれあうことで甘えは充たされやすいですが、性的な感覚を刺激することも起きてきます。甘えることと性的関わりは、実は一つの現象の2つの側面であるようにも考えられます。思春期に入ってしまうと、触れないで、受け止めるという方法が重要になってきます。おかげでこのレベルを発達させることが難しくなってきます。

通じてわかってもらえる体験は、体を使って受け止めてもらえることでより大きな安心感として育っていくことができます。このレベルが十分に育っていないことで、早期の性的な行動に巻き込まれてしまうのではないかとも考えます。安心して甘える体験が育っていないために、実は安心できていないのに安心を求めて甘えてしまい、結果的にはまた安心を育むことができない体験を繰り返している女の子をよく見ました。身体を使った甘え体験は、大きくなってからでも男女の間で育むことができます。しかしながら、安心が育っていない人同士が関わったときには、安定した関係に育つことが難しいです。本来、性的な関係は、生殖だけではなく、安心、安定を求めての部分もあります。そこへうまく入っていくためには、実は2人だけではなく、周りの支えも大きいことなのだと考えています。育ちは子どもの間だけでなく、社会に支えられながら、大人になっても進んでいきます。

子育て・支援のヒント

甘えは発達の機会。その体験を通して人を信頼できるようになります。

8　ほめられて嬉しいが育つ

＊言うことを聞くようになる条件

甘えが強くなると、同じ頃から、ほめるが通じるようになり始めます。認められることが嬉しくなるのですが、情報を十分に取れない子はどうしたら認められるかがわかりません。平均発達の子は、相手の表情など言葉以外の情報をつかんで自然に行動することができてしまいますが、表情がうまくつかめていない子はそれができません。それを補う方法として「今、これこれをしてくれたらお母さんは、嬉しいな」と伝えることで行ってもらうことができます。これはやめてもらいたい行動があるときに使うのがより効果的です。注意するよりも、こうしてやってもらいたい行動を誘導することでお互いに楽になります。うまくその行動ができたときにはほめましょう。こうすることでその行動をより強化することができるようになりました。

しかし、やってもらいたい行動がこの子がキャッチしていない情報を含んでいるときには、わかりませんから行いません。そのときには諦めるしかありません。いずれ情報がキャッチできるようになるまで待つのが適切な対応です。

ここで行っていることは、こちらの希望を聞いて学ぶことができるようになったことを確かめています。言うことを聞くということができるようになるために、どんな発達が必要であったのか、もう一度まとめておきます。第1番目にはコミュニケーションがとれるようになること。そして、わかってもらえる嬉しさを体験する。相手の意図をそれなりにキャッチできるようになる。このどれが欠けても、言うことを聞くという育ちにはなりません。自閉症スペクトラムのお子さんには、発達を待つこととこちらの意図を伝える工夫と、この2つが大切なことになっていました。

✻ とにかくほめる

ほめられて嬉しい体験が遅れてきたことにより、体験が強く感じられることもあるようです。ほめられるととても気分がハイになってしまって、興奮してしまう子も現れます。ほめられる体験がほとんどなかった子どもにとって、ほめられるのが嬉しい、がわかるようになり、ほめられたらどんな感じになるでしょうか。とても嬉しくて、天にも昇ってしまいそうになったとしても不思議ではないでしょう。間違っても、この子はほめるととんでもないことをする子だから、ほめてはいけないなどと認識しないようにしましょう。

ほめられると嬉しい体験が育ってきただけです。ほめられる体験を繰り返すことで、舞い上がるほどの嬉しさはだんだん収まっていくでしょう。そうなるまで、どんどんとほめましょう。せっかくだから先ほどの手、これをやってくれたら嬉しいを使いましょう。どうしたらほめられるのかも学んでもらいましょう。

もう一つ大事なことを追加します。ほめられた体験と書きました。わたしたちがほめていないということではありません。ほめられた体験になるには、認められていることがわからないと体験にはなっていません。ほめたのにあまり喜んでいなかったなあと思い当たりませんか。通じていないのにほめても通じません。通じて体験になってこそ意味があるわけです。

子育て・支援のヒント

ほめて誘導しましょう。やれなかったことができるようになります。

9 意欲が育つ

❋ 期待されたことをするようになる

こうして今までは自分の好きなことしかしなかった子が、ほめられて嬉しいことまでするように育ってきました。少し言葉を変えます。認められて嬉しいので、この嬉しさを味わいたくて同じ行動を繰り返します。この繰り返しが学習です。今までするることのなかった行動が増えるようになります。新しい体験をしています。このことによって新しい力も育ってきます。今までできなかったことができるように育ってきています。

自分の力だけではすることのなかった行動が、認められることによって行うようになりますし、もっと認められたくて行動の範囲も広がりますし、認められることをどんどん行うようになります。言葉を変えると、好きでもないことを積極的に行うようになっています。わたしたちはこれを意欲と言っていないでしょうか。好きなことをやることも意欲ですが、期待されたことをすることも意欲です。後者の意欲がいつも問題にされるようです。勉強をやろうとしないと言われていることです。学習ができない子どもの中にこの意欲が育っていない子がしばしば認められました。

❋ 知能検査でわかること

少し広げますと、これが知能検査の結果にも影響しています。知能とは社会が期待している能力と考えてもいいでしょう。社会が期待していないことは、いくらやっても能力とは認められません。こんなことができると期待していることを検査していると考えてもいいでしょう。そうしますと、繰り返してきた行動に関する能力は伸びています。しかし、期待される能力でも情報をとらえていなかったことは行っていません。その部分の能力は伸びていませんから、ひどくできないところと自らどんどん行ってきたこと、伸びている能力との差が大きくなります。知能検査での凸凹が大きいということになります。

通じる体験をしてきた子どもは、認められて嬉しい行動も取り入れています。これはすでに言葉がわかるようになる以前から積み重ねてきています。親が期待した行動、それは一般に社会が期待した行動です。それを繰り返し行っていますので、知能検査で行うことの凸凹が小さくなっています。

能力に差があると考えなくともいいです。行ってきた行動が身についているだけです。行われなかった行動は身につくはずがありません。このように考えると知能検査の結果が理解しやすくなります。赤ちゃんが生まれたときからすべての検査ができるわけではありません。経験してできることが増えていることは、検査が年齢によってよりできることが増えていることからしても当然のことです。最初からあることではありません。もちろん理解できるようになったかどうかを見ているのではありますが、それは育っていくことを見ています。

通じること、認められる体験をすることが遅れて生じてきた子どもに対しては、そこができるようになったら、他の子ども以上にどんどんほめて新しい体験を積み重ねてもらうようにしましょう。今育ちの中のどの行程を行っているのか、他の子と比べると何が不足しているのかを知っていることは、対応の中では大切なことになります。今はどんどん認められる体験をするときであると、しっかりと認識しましょう。そうすれば意欲や自信がどんどん育っていきます。

子育て・支援のヒント

どんどん認めることで、できることが増えていきます。

10 自信が育つ

❁ なぜ負けるのを我慢できないのか

人に負けることを受け入れることができなくて、負けそうになるとやめてしまったり、そのゲームをつぶしてしまったりする子がいます。一番病、一番にならないとパニックを起こしてしまう子もいます。こうした子どもをどのように理解したらいいでしょうか。発達で考えると、そういえば3、4歳の幼児さんだとそんな子はいませんか。トランプをやっていたのに負けそうだとわかるとグシャグシャにしてしまいます。どんなふうに対応してきたでしょうか。一生懸命に教え諭したでしょうか。小さい子のやることだから仕方ないと、勝てるように配慮してあげたでしょうか。小さい頃からしっかりとしつけたらうまく育ったでしょうか。

この子はまだ自信が育っていません。だから、負けたことで自分が否定されたように感じてしまいます。と理解してみるといかがでしょうか。自信とは認められた体験の繰り返しです。認められた体験のあまりなかった子どもは、当然自信が育っていません。自信が育つように認めていくことを繰り返します。そのためには勝負事はあまり向いていないかもしれません。一対一で行うことができるのなら、勝たせる体験を繰り返してさせるのも一つかもしれませんが、家庭で行うのはたいへんでしょう。プレイルームでは、こんなことがよく行われます。

✽認められることで変わる

家庭では、他のことでほめられることを意図的に増やしていくほうが対応しやすいと思います。いずれにせよ、負けて諦めることを教えることはできません。わたしは何をやっても勝つことができない人だと悟ってもらうことは、発達面ではマイナスになります。どうせわたしは何をやってもできないと学習することを促すことになります。「どうせボクは」と言ってばかりの子は周りにいませんか。そんな子に育てたいとは思っていませんよね。自信も意欲もなくなってしまいます。

通じるようになったところから、やっと認められるが始まるのです。これまで書いてきましたように、通じるところはすごく狭い範囲から始まりました。他は通じていませんから、子どもの側から見るとこの頃の体験は、「何でそんなことがわからないのだ」と言われ、否定された体験を重ねることになっています。この否定された体験の積み重ねを修正した上に、肯定される体験を積み重ねるのです。どれほど認めることを重ねないといけないでしょう。しかし、子どもは忘れることにも長けています。修正するのはたいへんですが、新しく認められる体験をどんどんしていくことで変わっていくこともできていきます。

遅れて通じるようになった人です。とにかくわかってもらえて、認められる体験をできる限り多くするように心がけましょう。マイナスの体験を修正することから始めていますから、すぐに変化はないかもしれません。しかし、認められた体験をすることが、遅れている発達を促す効果を持ちます。まだ、十分できていない体験をするからこそ、その先に進むことができます。できるだけ発達してもらえるように対応をしていきましょう。

子育て・支援のヒント

否定された体験を思いながら、認められる体験を増やしていきましょう。

11 感情のコントロールを身につける

❋ 発達の段階に応じて

ここらあたりは第3章で書いてきたことの繰り返しです。嫌な気持ちを相手にわかってもらえる体験をすると、その嫌な気持ちが鎮まっていきます。この体験を重ねることで、感情をコントロールする力が育っていきます。通じる体験がやっとできるようになると、こうした通じることによって育つことを育てることができるようになります。何歳になっているからわかるはずだは通用しません。これまでにどこまで発達してきているのか、それを一人一人の行動などで判断してつきあうしかありません。赤ちゃんのときからずっとつきあってきた家族は、発達のどの過程を何とか通り過ぎてきているはずだということがわかりやすいかと思います。もちろん、発達の順番を把握していないとわからなくなってしまいます。それをこの本で理解してください。

とは言っても、すぐにかんしゃくを起こす子どもにつきあうのは楽なことではありません。この子もどうにもできなくて苦しんでいる。放置できない行動になってしまったときには、押さえ込んで行動を止めることも必要になることもあります。大きくなってしまった子どもには、押さえ込むこともできません。ときには、こちらが逃げ出して鎮まることを待つという対応になることもあります。できるだけ小さなうちに通り過ぎておきたいのですが、発達の遅れが大きいとそうもできません。小さな子のうちであれば、抱え込んでその子の感じているであろう感情を言語化する（たとえば、「いやだよね、いやだよね」）ことで対応できます。

思春期に入り込んでしまっていると、とても難しくなります。しかし、多くの場合は、かなり通じるようになり、甘えることができるようになった頃に、できないことを必死に教えられてしまうような体験をしています。単に、通じるようになってきてというだけでなく、否定される体験を強くさせられて、切れるようにされてしまうこともあります。発達過程でどんな体験を重ねてきたかと考えることも、対応を考える上では重要なことです。

子育て・支援のヒント

切れやすいのは育っていないからです。発達の順番を把握して対応を考えましょう。

12　体験貯蔵庫について

＊フラッシュバックが起きるとき

言葉が使えるようになる前は、ここまでのところでも体験貯蔵庫という言葉を使ってきました。体験貯蔵庫から参考になる体験を引き出して、今の体験と重ねているというのが、言葉を使えるようになる前の記憶です。この子がキャッチした情報による体験が貯蔵されています。言葉になっていませんので、体験したそのままです。似たような状況を体験すると、以前体験した状況がわいてきて、対応の仕方の参考にするわけです。とても嫌な体験をしていると、それに対する護り行動を行います。それは攻撃という形を取ることもありますし、逃走することもありますし、混乱に陥ることもあります。どんなパターンで護るかは人それぞれです。

他の人から見れば突然理解できない行動を取る形になります。現実世界ではせいぜいきっかけとなる現象があっただけですが、それをきっかけに本人は過去の体験を繰り返していますので、それに合わせた行動を取ります。現実には、きっかけだけで本人が再体験している事態は本人の行動を見ている人には見えませんので、不思議な行動になります。かつてのこの子の体験を知っている人には、そこまで不思議ではないでしょう。ああ、あの体験がわき出してきたなとわかります。しかし、一般にはそんな過去の体験は知りませんので、何でこんな行動を取るのかわかりません。フラッシュバックという言葉が用いられます。児童精神科医の杉山登志郎が最初に発表したときには、タイムスリップ現象と名づけています。

わたしたちが記憶という言葉を使っているのは、多くは言葉に置き換わって貯蔵されています。思い出すという言葉を使うのはこの記憶です。動作記憶といって行動としてしまわれていることは、思い出すとは言いません。自転車に乗れるようになると、しばらくの間乗っていなくとも自転車に乗れます。乗り方を思い出すとは言いません。先の言葉の前の体験貯蔵庫でも、思い出すという言葉は当てはまりません。勝手にわいて出てきてしまいます。言葉の記憶がほとんどになった大人になってからでも、フラッシュバックがあり、ＰＴＳＤ（心的外傷後ストレス障害）の症状の一つです。

❋ 記憶と体験貯蔵庫

きっと赤ちゃんとかまだ言葉が十分に機能していない子どもでは、この体験貯蔵庫はその扉を開いて活発に利用して、フラッシュバックのようなことがよく起きているのだと思います。赤ちゃんが泣いてどうしても原因のわからないときが、これに当たるのではと考えています。

また大人になってからも、赤ちゃんに対応しているときにはこの体験貯蔵庫が開いて、赤ちゃんへの対応の仕方の参考にしていると思われます。これがいい体験ではなく、泣いたときにひどい体験をしている人にとっては、赤ちゃんの泣き声に対して恐怖がわいてきます。「赤ちゃん部屋のお化け」と名づけられています。泣きやめと揺すってしまうかもしれませんし、叩いてしまうことも起きるでしょう。赤ちゃんを置いて逃げ出すということをしている人もいるかもしれません。この現象は、赤ちゃんと大人一人だけのときに限って起きます。他に誰かがいてくれれば起きません。誰か他の人がいるというのは、こんなときにも大きな役割を果たしています。

うまく対応してもらえた体験を持っている人は、うまく対応できます。とてもいい気持ちがわき起こっているかもしれません。「赤ちゃん部屋のエンジェル」と名づけられています。

以前わたしは2種類の記憶といってきましたが、記憶と体験貯蔵庫といったほうがすっきりします。わたしたちはどんどん体験貯蔵庫にいろいろな体験をため込んでいきます。

この利用は気がつかない形で行われているというのが実情でしょう。従来の言い方を使うと、無意識と言われてきました。知らないでやってしまっていることの多くは、この体験貯蔵庫に参照に行って、かつての反応を導き出しています。実は、自閉症スペクトラムの人ばかりでなく、わたしたちも体験貯蔵庫にはしっかりと体験がためられていて、それを参照して行動をしていることがあると考えます。雰囲気がわかるなどということは、まさにこの体験貯蔵庫を参照している行動です。考えてはいませんが、感じて判断しているという言葉が当てはまるでしょうか。

いずれにせよ、体験貯蔵庫はすべての人にありますが、意識に上ってくることはめったにないことと考えています。

子育て・支援のヒント

うまく対応してもらえた体験を持っている子どもは、うまく対応できます。

第8章 ＊ 集団の中で育つ

これまでのところは、主に一対一の関係での育ちが中心でした。わたしたちはこの一対一の育ちがある程度できると、集団の中に入って育ちが促されます。いえ最初のほうで書きましたように、赤ちゃんは笑顔での交流ができるようになったときには、親の知らないところでどんどんと周りの人と交流を始めています。この交流の機会の減少が現代の特徴の一つで、それによる発達の機会が減らされました。メリットもあります。不特定の人と接する機会の減少で、赤ちゃんが感染症にかかる可能性は減りました。メリットとデメリットはいつも表裏についてきます。わたしたちはメリットのほうにばかり気を取られてしまい、ついてくるデメリットになかなか気がつけないでいます。この話は広がりすぎますので置いていきます。

本来なら集団に入る年齢に達しますし、それより早くても、少し集団の力を借りて育ってもらえないかと、早くから療育を開始するようになりました。これからはそうした集団の場で起きる自閉症スペクトラムの発達を見てみましょう。

1　新しい場に慣れる

＊コミュニケーションの前提

どんな子にとっても、大人にとっても新しい場所は不安になります。わたしたちはどんな方法でこの不安を軽減していますでしょうか。知っている人がいて、その人と交流できると不安は大きく軽減します。人との関係による緩和策を用いています。コミュニケーションが育っているならば、コミュニケーションの成立する人にいてもらうことが安心する方法です。しかし、幼稚園も保育園もあまりこの方法を採用していません。多少不安になっても、他の人とコミュニケーションをとって安定してもらうという方法をとっています。多少無理をしてもカバーできるほどに発達していると考えているからです。

自閉症スペクトラムの子どもの場合、どうしているでしょうか。母子通園という形でこの不安を緩和させる努力をしているところもあります。このときには、母とのコミュニケーションがいくらか成立してきていることが前提でしょう。ほとんど関係が取れず、母を置いて勝手にどこへでも遊びに行ってしまうようですと、まずは母との関係をつけるべきなのか、どうせだから誰かと関係がとれ始めればいいと集団に入れてしまうか、前者は順当な方法で、後者は「えいやっ」という方法でしょうか。

母子の関係を深めようと思えば母子通園ですし、わからない中、悪戦苦闘してきた母に少し休んで鋭気を養ってもらおうと思えば、単独通園になります。いずれにしても一長一短で、そうしたところをよく考えて選ぶことになります。

❋ 安心できる関係を作る

ここでは保育園で預かることから考えてみます。

当然のことですが、新しい場所で知らない人ばかりでは、誰だって安心することができません。安心できる関係が生まれることで、子どもは少し安心することができます。この方法は、人と関係を作ることができるところまで発達している子が用いることのできるものです。自閉症スペクトラムの子どもでは、まだ安心できる関係を体験していないと考えたほうがいいでしょう。通じていないのに、通じることとしていろいろ言われてしまって混乱しているかもしれません。まずは通じることで安心してもらう体験を繰り返すしかありません。そこまで育っていない子どもの場合には、周りの物になじんでもらうしかありません。そのためには、部屋に置かれている物は少ないほうが変化が少なくなりそうです。

置き場所が変わるだけで不安になっているかもしれません。物が変わらないことを保証できるように心がけましょう。また、いくらか通じる体験を持ち始めた子どもでも、集団の中で周りからわけのわからない音と、なんか知らないけど不安にさせる勢いがあっては、不安が解消されていく体験になりません。

皆がとても楽しそうにしている中に入れられると、また違うのかもしれません。皆初めての子どもばかりで、皆が不安になっている中に入れられて、自分のわかる情報のところへと移動すると、落ち着きのない、指示の入らない子として対応されることになります。集団に入るのは、その集団が安心してからのほうが適応しやすいでしょう。

こうした意味もあって、別の部屋で個別に対応できるところから始められることが多いです。ある程度一対一の関係が育っていれば、集団から始めることも可能でしょう。そのときにも個別に対応できる職員を用意しておきます。これは通じる体験をしてもらうためには、まだ個別に対応しない限り難しいからです。

子育て・支援のヒント

集団生活が可能になるためには、まず一対一の関係が育っていることが必要です。

２　一対一の関係作り

❋ 不安を理解する

通じる関係を少しずつ作っていくことがはじまりです。そのためには、これまでにこの子はどんな体験をしてきたのか想像してみることです。親から話を聞くことができると、この役に立ちます。親とはどのぐらいつながった体験ができてきたのだろうかと思って話を聞くといいです。わからなくてできないことを、なんでできないのと言われ続けた体験もどのぐらいだろうかと推測します。ついでに、この子はどんな情報をよくキャッチしているのかも想像しておきます。

まず最初のうちは不安なことを理解することから。不安なときにどのような行動をするのか。親がいなくなった途端に反応が出てくれると、関係が少しは育っていたことがわかります。親との間に少しでも関係が育っていれば、いくらかの安心感があります。それがないと、いてもいなくても反応は変わらないでしょう。このようにして、彼らが不安でいるときにはどんな行動をして、安心するとどんな行動になるかがわかれば、少しでも安心する状態が長くなるような対応を工夫していきます。

✻ 関係としての安全基地

コミュニケーションが少しでもとれれば、それは安心へ傾くことになります。この点の工夫については前章に書きました。もっと大切なことは、通じないのにもかかわらずある行動を強制させられるような、不安になる機会を減らすことにあります。集団の中で皆と一緒の行動が取れるようにと、体を持って動かされることを重ねれば、子どもにとってどんな体験になっているのか想像してください。まずはこの人とは少し関係を取ることができそうだという体験から始めてもらうことを心がけましょう。

たとえば、よく聞くのは園長室から始まっています。保育室はとても刺激が多く、変化に富みます。変化する要素が少なく、狭い部屋と考えると、園長室ぐらいなのかもしれません。その場で彼らの動きを観察することから始めるのが順当なのかもしれません。

少し安心すると探索が始まります。不安になって戻れる場所として最初に安心できたところになるでしょう。その場所ならば安心ができ、不安を鎮めることができる安全基地になります。普通は養育者のもとになっていますが、そのためには通じ合っていないとできません。できれば、少しでも通じる体験を増やしていくことで、関係としての安全基地と

なれることが先の目標になります。さしあたりは刺激の少ない場所が安全基地になります。この場所として、段ボール箱の中へ入ってしまうとか、ロッカーの中に入ってしまうとか、何かの隙間の中に入り込むなど、子どもなりに安全と思える場所を見つけます。それを安心しようとしているのだなと理解することから始まります。

少し安心できると探索が始まります。探索が始まったら、どんな情報で反応するのか注意をして見守りましょう。彼らがキャッチする情報を知ることです。その情報の領域に提示をすれば、反応が返ってくる可能性が大きいです。

子育て・支援のヒント

不安なときの人の行動がわかれば、安心させる対応を工夫できます。

3　一人遊び

❋ 不思議な行動の理由

前述した探索行動こそが最初の一人遊びになります。自分で周りから入ってくる情報との関係を作ることが始まります。もし、おもちゃをわたしたちと同じように扱うことができれば、似たような思考回路を持っていることになります。しかし、わたしたちはおもちゃで遊ぶのはその遊び方を示されて、それを吸収していることが多いのではないでしょうか。だから不思議なおもちゃの扱いはありません。逆に自閉症スペクトラムの子がおもちゃの不思議な扱い方をしていることも、このように考えることで納得ができませんか。

遊びとは自分の興味がわけば何でも遊びになります。扉の開け閉めだって不思議なことではありません。ティッシュペーパーを次々と引っ張り出すのだって、あまり変わらないことではないでしょうか。その動きに引きつけられて繰り返し行っていれば、遊びと言えないでしょうか。わたしたちが遊ぶように遊ぶというならば、それはコミュニケーションが成立して、文化の一部を受け取らなくては難しいです。自分自身で見つけ出した遊び

（？）は、こちらから見れば奇妙な行動になります。

わたしたちが遊ぶように遊んだなら、そこにはわずかなコミュニケーションがあったはずです。わたしたちの行動をこの子が見てキャッチしていたはずです。そこにはコミュニケーションの芽が発生しています。砂場で、砂をばらまいて何か楽しんでいるようだともう一つかなですが、この行動にわたしたちは一人遊びと名づけないのではないでしょうか。蛇口から流れてくる水に手をかざして見ているのを、一人遊びしていると言われなかったように思います。でもこれがコミュニケーションのとれていない子の一人遊びです。

わたしたちが受け入れる一人遊びとは、交流が始まっているのだとあらためて考えられました。これも集団の中で、人に対する興味が知らない間に起きて、他の人の行動を観察しているから起きるのが、一人遊びだと考えるとわかりやすいかもしれません。人に対する興味をわかせて、その情報をキャッチできるように育てる集団の力だと考えます。変化すること、動いていることに対してわたしたちは興味を示します。集団の中であれば、動くのは人であるということです。

子育て・支援のヒント

みんなと同じように遊び出したら、コミュニケーションの芽が発生しています。

4 楽しそうにしている集団について回る

＊「一つの世界」の感覚

自分の行動が邪魔されないと少しずつ安心してきます。そうなると周りへの関心が生まれます。周辺を探索し始めます。そして不思議なことに、楽しそうにしている子ども集団には気がつくようです。もしかすると、まだ一つの世界の感覚が残っているのかもしれません。なんとなく楽しい世界の中に自分も包み込まれている。一つの世界の表現は難しいです。言葉によってその世界を表現することが基本的に無理な世界です。感じ取ってください。

その世界の中で動き始める。それがわたしたちの目には、子どもたちの後を追って似たようなことをやっていると映るのではないでしょうか。ここはうまく説明ができません。ただ、無理に引き入れようとさえしなければ、なんとなく楽しそうな世界には巻き込まれ、そこからコミュニケーションが育っていきます。これが個別の一対一とは別の集団による力と考えています。

この意味で、集団が生き生きとしていることはとても大事なことになります。大人の都合で行動させてはいるのですが、その中で子どもたちがいかに楽しそうになるかは、大人の関わりによることが大きいです。

こうして集団についているうちに、少しずつ遊びを吸収していくこともできます。一緒にやったわけではないが遊べるようになってきます。歌なども園では歌わないのに、家に帰ってきてからは歌っていることもあります。

前の節とは少し違う観点から考えてみました。前のところでは動くことに目が行くという仮説でした。このようにいろいろな仮説を設定することができます。どれが正しいというより、どれが有効かと考えるほうがいいのでしょう。

子育て・支援のヒント

楽しそうな集団にくっついているうちに、少しずつ遊びを吸収していきます。

5 子どもを理解して関わる人と関わりを持てる

＊待つことの大切さ

この頃の交流のポイントは、まだ情報の共有できている範囲は狭いことです。この子どもに通じることはどんなところだったか、そのことを考えて働きかけをします。もちろん今までは通じなかったことが通じるように発達はしていきます。しかし、こちらの態度が決めるとは思わないほうがいいでしょう。子どもの発達によるのですから、そこを丁寧に見ていきましょう。通じることだけが、働きかける意味があります。通じないことをいくら働きかけても、お互いに疲れるばかりで益はありません。

まだまだできないことがたくさんありますけれども、焦らないでください。子どもが情報をつかまえるようにさえなってくれればできるようになります。しかし、それは待つことによってしかできません。わたしが働きかけたからできるようになった、ということはないと覚悟を決めておいてください。ちゃんと目が合ったのか、どこか宙を見ていたのかで、通じているかいないかはわかります。通じる体験をたくさんしてもらいましょう。そして通じることのプラス感がわかるようにさえなれば、そのうちに子どもからこちらへの働きかけも始まるようになります。より通じる体験を多くしたいという関わりが育てたことになります。

子育て・支援のヒント

働きかければできると考えないで、通じる体験を増やしていきましょう。

6 少しずつ関係がとれ始める

＊関わってもらえるのが嬉しい

このあたりは前の章で詳しく書きました。そこを参照してください。ただ、集団の中での一対一の関係ですので、簡単にはいきません。配慮していたことによって関係がとれ始めますと、かえって気を引くような行動が増えてきます。気をつけないと悪い行動で気を引かれてしまう失敗をします。子どもの側からすれば、いかに先生に反応してもらえるかにかかっています。悪いことをするとうまく反応してもらえるならばどうなるでしょうか。こうしたら先生は気がついてくれると学びます。

注意している言葉の意味は、ここでは何の役にも立っていません。まだ言葉の意味のレベルでのコミュニケーションに育っていないからです。言葉の意味がわかると、コミュニケーションにはまだズレがあることを知っておいてください。わたしたちはあまりに言葉の意味に偏って考えてしまっています。大人になってすら、意味だけのコミュニケーションではありません。愚痴を聞くというコミュニケーションがあります。論理的に話しているわけではありません。言葉の意味に過剰に頼らないようにしましょう。

集団に入ったときにちょうどこのレベル（関わってもらって嬉しいレベル）まで発達してきているお子さんが多くいます。慣れてきて安心することができると、いくらか関係が取れることがわかると言い換えてもいいかもしれません。当然先生に見てもらいたくなるわけです。ここでの反応の仕方は要注意です。叱らないと他の子に示しがつかないというのは言い訳にしかすぎません。この子の発達をどのように促していくかを問われています。

悪いことばかりをする子に育てたくはありません。この点では、幼稚園、保育園よりも学校のほうが難しいかもしれません。ちょうど先生に関わってもらいたくなっている子どもなのだというこちらの理解をしっかり持っていないと、何をやっているかさえわからなくなってしまいます。子どもは言葉の意味だけのコミュニケーションではありません。かなりいろいろな交流手段を持っていて、言葉以上にわかっています。ただ、自閉症スペクトラムで高機能の子どもは言葉の意味だけになっています。わたしたちよりも遥かに論理的ですが、ちょっと違うのではと言いたくなる体験をします。

子育て・支援のヒント

言葉の意味に偏ったコミュニケーションに頼らないようにしましょう。

7 ほめられて嬉しい、叱られていや

✻ ほめてほしい行動を誘導

関わってもらえると嬉しいがさらに育つことで、ほめられて嬉しい、叱られるのはいやだになります。叱られることで関わってもらえることを学習してしまったり、なかなか関わってもらえる機会が少ないときには、この育ちはたいへんゆっくりになってしまいます。分化してきたら他の子と同じですと言いたいのですが、ほめられ体験の少ない子どもは、ほめられる行動を自ら積極的に行う力は弱いです。

どんどん誘導していきましょう。「今これをしてくれたら嬉しいのだけれど」など、どんな行動をしたら認められるかを言葉で誘導することが必要かもしれません。その上、その行動ができたなら、しっかりとほめて嬉しくなってもらうことが大事になります。一般の子どもでも言われることですが、禁止をするよりもどんな行動をしてもらいたいのか、肯定する言葉で伝えることが、より認められる体験を増やすことになり、発達を促すことができます。

中にはほめると舞い上がってしまう子どももいますが、そんなにほめられた体験がないのだと気がつきましょう。ほめられることがこれほど嬉しいとは、今までよほどほめられたことがないと考えるとどうしますか。ほめると舞い上がるからほめてはいけないでは、意欲は育っていきません。育つとはどのようになっていくことなのか、育ちの順をある程度頭に入れておいてください。

子育て・支援のヒント

認められる体験を積み重ねるために、肯定する言葉を伝えましょう。

8 おしゃまな女の子に世話をされる

＊偶然に助けられる

一対一の交流は対等な関係から始まってはいません。まずは親子でした。そして親に代わる保育士さん。世話をしてくれる人と世話をされる人の関係が育っていきます。クラスの中でも対人関係の発達の早い女の子は、発達の遅い子どもに対してうまく関わります。この関係は、対等ではなく、世話をする人とされる人の関係になっています。自閉症スペクトラムの子どもが先生以外の名前を最初に覚えて言ってくれる子です。

小学校ぐらいになると、担任の先生よりもうまく関わる子が登場したりすることがあります。そんな子は、知らない間に通じることの大切さを身につけてしまっているのではないでしょうか。その関係の中で子どもはうまく育っていきます。

こうしたことは意図した関係ではありません。集団の中で運良く起こってくる関係です。運が良いとこうしたことが起きるかもしれないという程度の配慮ができるだけです。集団とはこうした偶然に助けられることが起きる場です。

９　人への興味関心の増大

❋一対多の関係へ

このようにしていくらか関係の取れる人の数が増えてきますと、人の情報をキャッチするようになってきます。情報をキャッチするとは、そちらに興味が向くと言い換えてもいいでしょう。情報が入りますから、そのほうへの働きかけが起きてきます。わたしたちは情報をとらえると、それに対して反応をせざるを得ないようです。物の情報をとらえてしまったがために、そちらに動き出します。あっちのもの、こっちのものとどんどん情報をキャッチしますと、どんどん動いていきます。こうした行動を落ち着きないと言ってしまいます。多動という症状にされてしまいます。人の情報を取っていると人はどんどん変化していますから、そこに集中していることができます。落ち着いていると言います。テレビに対しても同様のことが起きます。テレビはどんどん変化していくからでしょう。落ち着かせるためにテレビを多用しますと、人との関係が育ちにくくなってしまいます。戻ります。

ここではやっと人の情報をキャッチし始めたところですので、その人、多くは周りにいる子どもに働きかけます。しかし、まだその子どもの表情をキャッチするところまではできていませんので、相手の表情でもって自分の行動を修正することができません。いやがっているのに続けている子で、一般的には意地悪をしていると誤解されてしまいます。成長して、人の情報をキャッチするようになったから起きていることです。止めると言うよりは、この先に成長するように持っていきたいことです。

「いやがっているでしょ」と止めても、きっと何を言われているのかわかりません。相手の表情が入っていないから、いやがっているという情報は見つけることができません。わけのわからないことを言う人になるだけです。ではどうしたらいいでしょうか。そのまま放置するわけにもいきません。相手が強い子だと逆襲されてしまうかもしれません。こうした体験は学習していくようで、働きかけていい人、いけない人はそれなりにわかるようになっていきます。

それにしてもどのように対応したらいいのでしょう。彼の体験からするとどんなことが起きているのでしょうか。何とかあの人と関わりたかったのではないでしょうか。その気持ちに添って声をかけてみるとどうでしょうか。それでうまくいったと思っているでしょうか。どうもうまくいかなかったと思っているのではないでしょうか。そこが同意できれば、じゃあ次はどうしてみようという話に進めます。この子の側に起きている体験を想像してつきあっていくことで先へ進めないでしょうか。

わたしたちがすでに獲得している判断の仕方を教えることはできません。子どもの体験を何とか理解して寄り添って、改善を目指すことができることではないでしょうか。

この先に対等の一対一の関係が育っていきます。そしてさらに先には、一対多の関係があります。先生は一人でたくさんの子どもに働きかけています。わたしにも働きかけているのだと認識できるようになることが、一対多の関係と考えています。ここまで保育園で成長してしまえば、自閉症スペクトラムとの診断はつかなくなってしまいます。

子育て・支援のヒント

子どもの体験を想像し、理解し、寄り添うことが大切です。

第9章　＊　学校の中で

小学校では、一対多の関係が成立しているのが前提の対応をしています。ここまで育っていない子どもがいると、皆を同じように扱うことはたいへん難しくなります。しかし、昔から十分育っていない子が小学校には入学してきました。発達にはバラツキがありますので、ある程度関係の発達がゆっくりな子どもがいることは必然です。知能と違って、知能検査を行って分けることが難しいです。

1　特別支援学級か普通級か

✲ 一対一の関係が育っているか

この問題は答えの出ない問題です。それぞれの現場を見て考えるしかありません。ただ、一対一の関係がまったく取れない子どもは、普通級では難しいと考えます。一対一になっても指示の入らない状態では、交流を成立するようにすることが目標になります。そのためには、一対一による働きかけが必要です。一対多（一般学級）の状況はまったく役に立ちません。集団の影響があるかもしれませんが、それのために授業で教室にいる必要性は考えられません。

一対一の関係がある程度育っているが、まだ、一対多には対応できないでいるときが一番考えるときです。そして、こうした子どもさんが多くいるのが実態です。正直なところ、担任にどんな先生が当たるかによる影響が一番強く出ます。昔から、授業に集中することの難しいお子さんは、先生のすぐ前の席に座らされることが多かったです。「おおい、聞いているか」など一対一の働きかけを随時行ってきたという事情があります。こうした働きかけを行ってもらえると、一対多の関係が難しいお子さんでも、先生の話をある程度聞くことができます。また、授業外の時間などに関係を作るために働きかけたりもしてきました。昔は一年生の先生は子どもたちと遊ぶことがあったと思います。最近は先生が忙しくなってしまい、こうした時間を作ることが難しくなっていますが、今でも子どもたちに人気のある先生はいます。

こうした子どもでなくとも、大好きな先生の授業は自然と集中することができるようになっています。先生の教える技術の第一は、いかに興味を持たせることができるかです。このような先生に当たって授業を聞くことができるのなら、普通級にいたほうが刺激も多く、適切であると考えています。

しかし、残念なことに学校は教えるところであり、育てるところではないと言い切る先生もいます。先生自身がこの育つ過程を十分できていない人もいます。これまでのところで書いてきました発達の過程は、育つという表現が適切な領域で、言語にならず、教えることが難しい領域です。ここがほどほどの発達をしていれば、十分でなくとも、知識などの言語領域を発達させることは可能です。まれに、うまく育っていないが、知識は十分な先生に出会うことがあります。こうした先生では、育てるということがわかりません。平等に扱うことが最も重要な基準になっています。

❋特別支援学級を選ぶ場合のポイント

このような状況では子どもの発達を期待することは難しいです。こうしたときには発達障害の通級学級を使うしかありません。通級学級では一対一で教えることをしてもらえて、カバーができます。

特別支援学級を選ぶときには、必ず見学をして担任の話を聞きましょう。本人が納得できることが必要ですし、この担任なら任せられると親も納得できることが必要条件です。特別支援学級の担任は転勤がない限り替わることがありません。どんな担任になるか選ぶことができるのですから、それを丁寧に行ってください。また、転勤が近くないことも確認しておきましょう。入学した途端に担任が替わっていたでは、何のために選んだのかわからなくなってしまいます。

普通級に入学するときにも、原則はこんな子どもであるということを事前に伝えておきましょう。ただし、学校は一番たいへんと考えられる子どもから順に、できる先生のクラスに配属していきます。たいへんな子どもが一つのクラスに重なってしまわないような配慮です。お願いをしておいたから一番いい先生に当たるわけではありません。３クラスの学年で三番目にたいへんそうな子どもと判断されたときには、あたりは一番悪かったということもあります。学校経営という中で判断されますので、その子にとってどの担任が一番いいかではないことも知っておいてください。

子育て・支援のヒント

特別支援学級を選択する場合は、担任の見極めが重要です。

2 ジッと座っていることができない

＊薬を使う前に

目に入ったものというよりも、情報をキャッチしてしまったものは気になってしまい、そこに向かって移動します。言葉の領域の脳がまだ十分に発達していなくて、言葉を使う以前の脳の働きが支配的と考えることもできます。ほとんど考えることなく行動してしまいます。言葉をかけられて、言葉の領域の脳が働き出すと、はっとしてこれではいけないとわかります。

このように考えたときに、どんな対応方法を考えるでしょうか。最近は薬も出ていますが、まずは薬を使わずに対策を考えてみませんか。薬は言語のレベルに頭の働きを持って行きやすくすると考えると納得がいきます。叱るというよりは、注意を繰り返している間に少しずつ発達していけば、コントロールができそうに思えます。こうした希望的観測を両者が持つことができることこそ大切なように思えます。僕は頑張ったってできないと思ってしまうとできそうにありません。

薬の他には、環境を整えることで、入ってくる情報をコントロールするという発想も成り立ちます。後ろの席よりは前のほうの席、なるべく掲示物を減らすなど、いろいろ工夫をしましょう。先生の話に引き込むことができれば、他の情報はかなりカットされる確率が高くなります。こうした工夫として、先生の癖の回数を数えるということもあります。「あのね」だとか「ね」を何回言うか、のようなことです。また、ある程度関係のできた先生がいつも君のことを気にしているから、君のことを気にしているときを君にだけ伝えるブロックサインを教えるよと話します。そしてそのブロックサインとして自分の癖を伝え、このサインが出たときは君のことを気にしているときだよ、これは君と先生だけの内緒だから誰にも話さないようにと話しました。このように先生に気持ちを集中してもらうようにする方法を編み出された先生もいました。

むずかしい子には、発達障害学級とか、支援の先生を配置してもらうしかありません。間に一対一を入れることで、かなり話を聞けるようになる子もたくさんいます。落ち着く方法があるということです。

子育て・支援のヒント

入ってくる情報をコントロールする工夫をしましょう。

3 先生の話を聞けない

＊わからないことを聞くのは難しい

一対多の関係が成立していない子どもにとって、僕だけに向かって話していない声を聞き取るのはたいへん難しいことです。一対一でどんな話も聞けるようになっているのでしたら、きっと聞くことができるでしょう。多くの人では、一対一での関係が取れるといっても、まだ共有できる情報ばかりではありません。わからなくなるときもあります。わからないときには聞いてみたらいいということは、成立していないのではないでしょうか。幼児で次から次へと質問してくる時期があります。「なんで？」を連発するときです。こうした時を経ていない人は、わからないときに質問するのが難しいのではないでしょうか。わからないことが当たり前ですから、そのままにして聞き逃しているのではないでしょうか。

一対一でも話をスルーしてしまうときがあるぐらいですから、一対多の関係ではなおさら難しく、聞けなくなってしまいます。一対一に持ち込めばまだ可能性があります。そうした工夫について前節で書きました。

また、一対一の関係を強くしていって先生のことが好きになってしまうほどの関係にしてしまうことでも、一対多の話が聞けるようになります。

子育て・支援のヒント

一対一の関係が強くなると、一対多にも使えます。

4 隠れ場所

✻ 本人にとっては適切な行動

教室から飛び出してしまう子はどうしているのでしょう。ある程度教室にいることのできた子を考えています。飛び出してはみたものの、どうしようと不安になっているかもしれない。「こら待て」と追いかけるとどうなるでしょうか。一生懸命逃げてしまいます。捕まえたいところですけど、この子がどうしようとしているか観察してみませんか。多くの場合はどこか落ち着ける場所を探しています。階段下の片隅とか、掃除道具の置いてあるところとか、上手に静かにできるところを見つけ出します。

うるさくてかなわなかったり、何らかの刺激が強すぎたり、そうした場から逃げてきていますます。その子にとっては適切な行動です。それをやめさせることは難しいと思いませんか。無理にとどまることで、かえってより不適切な行動を起こさせるかもしれません。一般的には不適切な行動も、彼らの視点から見てみると必ずしもそうではありません。いったん大変な場から逃れて、気持ちを落ち着けてまた戻ってくるという行動を保証することが、彼らの安定性を増大させます。

このときに無理に教室にいるようにさせるとどうなっていたでしょうか。音なのか何なのかはわかりませんが、刺激に耐えられずにパニックになっていたかもしれません。とすれば、教室から出て行ってしまう行動は適切な行動であったわけです。もはや、教室に居続けることが困難になったのだから、それを教室にいることが適応的な行動として身につけさせようとしてパニックを起こしていたら、ますます不適応になってしまいます。

わたしたちから見て適切な行動が、ますます混乱を引き起こすことがあるということも知っておきましょう。彼らはこうしたことを言葉でもって適切に伝えることができません。わたしたちの側で理解するしかありません。

教員としては適切な対応をした結果（あくまでも一般論としてです）、子どもがたいへんな事態になってしまった例はいくらでも挙げることができます。前述したように、その子どもにとっては適切な行動をとっていることがあります。一般論では、認められない行動ではありません。このことに気がつくことが適応水準を上げることにつながっていきます。

子育て・支援のヒント

教室を飛び出した子どもが、落ち着いたら戻ってこられることを保証しましょう。

5　学んで身につけたこと

＊「わからない」のは当たり前

小学校に入学するまでに6年間あまり、彼らは多くのことを学んできています。ただし、それはわかって身につけたことではありません。通じない中でどのように対処することがいいのか、自分なりの経験から身につけたことです。これは一人一人の体験を想像してみるしかありません。どんな体験をしてきたのだろうかと。

一般論で言えることは、誰も通じていない、わからないとは思って対応してきていない中で生じてきた体験です。ですので、「わかっただろ」などという言葉を何度も投げかけられています。こんなときにどのように対処してきたでしょう。「わからない」と返事をするといかなることが起きるでしょうか。それに対する体験はいろいろあるでしょう。少なくともそれでわかるように説明をされた体験はありません。対応する人にとっては、これをわからないなどというのはふざけているぐらいに思っています。多くは彼らがキャッチしていない情報をキャッチしている前提で話しています。どんな情報をキャッチしてどんな情報をキャッチしていないかは、実は誰も考えたことがありません。ここにあることは誰でも同じようにキャッチしていると考えています。この違いについては前のところで説明しました。しかし、彼らにはその情報が入っていないという想像ができません。わたしたちは自分がキャッチしている情報は相手もキャッチしているという前提に立っています。その情報をキャッチしていないなど考えたことがありません。ですからわかって当然のことなのです。それを「わからない」などと返事するのは、人をバカにしていると思ってしまうことのほうが自然なことでしょう。

❀ 学習とは

彼らはこうしたときに「わかりました」とか「ハイ」と返事をしてしまうことをしっかりと学んでいきます。学習とはこんなことを言います。よく誤学習という言葉が用いられます。誤った学習でしょうか。わたしにはとてもまっとうな学びに思えます。わかっていないのは誰でしょう。

そしてさらに多くの学びを彼らはしてきます。その学びに基づいて反応を学んできたわけです。中学生とか、大きくなっていますと、彼らの学びの多さゆえに理解できないことがどんどん増えてきます。中にはみんながわたしを見ていると訴えるようになった人もいます。わたしにはこれも妄想と言うより、わかってもらえない体験を重ねて生活してきた結果のように思えてなりません。すぐに手を出すようになってしまった人、誰の話も聞こうとしてくれない人、いろいろな不思議な性格、というよりは病的と言われてしまうことで、説明がついてしまうのではないかと考えています。

小学校1年生ぐらいまでのいろいろな行動は、かなり想像することができますが、大きくなってしまった人の行動については、その人がどんな体験をしてきたのかを聴き取らない限り、わからないことのほうが多くなってしまいます。決して誤学習などではありません。その人の体験からすれば、まっとうな学習をしてきているのです。このことも知ってもらいたい大事なことです。

子育て・支援のヒント

行動の背景にある体験を理解することが大事です。

6 友達について

✻ ゲームの効用

友達とはどんな人のことを言うのでしょうか。友達について定義をしていますか。一緒に遊ぶ人でしょうか。皆さんはどんな定義をして友達を考えていますか。まずはそのことを考えてみてからこの先をお読みください。

言葉を用いることができるようになった自閉症スペクトラムのお子さんの最初の友達という定義は、きっと同じクラスの人でしょう。みんな友達ですからという言葉が先生から出ます。友達は何人ですかと聞いて、クラスの人数を答えると、この子は自閉症スペクトラムに近いなと想像できます。

そして人に対する興味がわいてきます。しかし、遊ぶことがなかなか難しいです。最近はゲームという彼らにとっては大変便利な道具ができましたので、ゲームを一緒にやることができるようになります。ゲームについて話ができるようになるとしめたものです。友達ができる可能性が大きくなります。

ゲームに関わっていないと友達がいないということに気がつき始めます。一緒に遊ぶことができません。友達が欲しいと考え始めます。とても成長してきました。しかし、これについても前のところで書きました。自分のほうからいろいろ周りの子どもにちょっかいを出し始めるというのが周囲の人の気づきです。相手のことも考えないで一方的に話したり、行動したりします。まだ、相手の表情、声の調子などの情報を利用できていません。ですので、わたしたちの感覚からすると一方的で、友達になりたいと思っているとは想像もできません。友達になりたいのなら、そのような対応があるだろうと思っています。しかし、彼らにすればそれがまったくわかりません。こうしたすれ違いをたくさんたくさんしてきています。その中から彼らなりに学んでいきます。

＊友達と経験を共有する

このズレに気がつくのはどちらが簡単でしょうか。わたしたちでしょうか、彼らでしょうか。

彼らの体験に添ってつきあうことができれば、学びはわたしたちに近いものになることができます。わたしたちの学びは同じ体験をしている人が、話を聞いてくれることから生じています。彼らにも彼らの体験を追体験した上で、話をすることができればどれほど変化するでしょうか。

実はこれが友達の大きな作用です。友達とは趣味とか興味が共有できて話をしていてもわかってもらえて楽しい人です。こうした体験をたくさんした上で喧嘩にまで発展します。ですから、喧嘩もとても大切な経験になります。

ゲームでうまく友達ができるとどんどん成長し始めます。通じることのできる体験がわたしたちを成長させます。ゲームではなく、共通の趣味と言ったらいいでしょうか、電車でも、アニメでも、漫画でも、どんなことでもいいでしょう。そうしたことで通じる話をし続けることがどんどん成長を促し始めます。わたしの治療経験では、共通の趣味の友達ができたところで治療の終わりにしていることが多かったです。

子育て・支援のヒント

通じる話をし続けることができる相手ができると、成長が促進されます。

まだ書くことができなかったことがたくさんあると思います。それをすべて書き出そうとすると永遠に終わることがありません。どこかであきらめるしかありません。しかし、基本的な原理は同じことのように思っています。最後にそのことをまとめておきたいと思います。

終章＊体験によって育つ

＊行動を決定するのは体験

私たちは、自分が体験したことの中から対応法を選び出しています。ただし、基本となっている対応法は、考えることのできない中、すなわち、わたしの言う体験貯蔵庫の中にあると思っています。行動ですので、考えて修正することも可能ですが、あまり考えることなく行動していることのほうが多いのではないでしょうか。あるいはこのようにしたほうがいいと思っていても、そうできないことが多いのではないでしょうか。考えて行動する方法は、脳のレベルで見るとより新しい脳が働いています。より古い脳のほうは、考えることに影響を与えています。しかし、この脳で考えることはできません。言葉が生まれたのは人間になってからですから、人間の脳になって初めて機能している領域にあるはずです。

古い脳のほうに体験貯蔵庫があって、考えることなく、参照されて、反応を決めています。どんな行動であっても必ず、体験からの影響を受けています。その人の行動を理解するには、どんな体験を積んできたのかが、一番参考になるだろうと考えています。しかし、その体験自体を思い出して語ることが簡単にはできません。それを従来、無意識と称してきました。

通じる関係が順調に育ってきた人同士は、この体験貯蔵庫にある体験がかなり似通っています。通じるとは、何度も書いてきましたように共有できる体験になることです。体験としても共有されていますから、相手の体験もわかりやすいです。しかし、通じることが遅れてきた人にとっては、体験を共有できない、すなわち、わかってもらうことの難しい体験をかなり重ねています。この共有されにくい体験に影響された行動は、共有体験ばかりを参照することに慣れた人間（定型的発達をした人）にとってはわかりにくいことです。こうした理解しにくい行動をおかしな行動と言ってすますのではなく、これまでにどんな体験をしてきたならば、この行動を理解することができるようになるのか考えてみましょう。わたしたちが思いつくことのできなかった体験をして、その体験を参照しているからこそ起こしている行動だと考えてみることです。人は自分が重ねてきた体験の上で反応しています。その体験から考えてみるとけっしておかしな行動ではなく、納得がいく行動であることがほとんどです。

このように気がつくことができると、わたしたちはその人につきあっていくことができるようになります。それがこの本で行ってきたことの原則です。

✻ 発達の仮説の応用範囲

さて、自閉症スペクトラムはコミュニケーションの障害と言われながら、通じない体験を積み重ねているという説明を、わたしは不勉強なのか聞いたことがありません。彼らはわからない体験をしているのに、わからないのだとわかってもらえないで生きてきました。もちろん発達する中で少しずつわかる体験を始めます。しかし、何かうまくいかなくなったときには、この古くしまわれている体験を参照してしまっているかもしれません。

こうしたことを少しでも理解しようと、彼らの発達の仮説を立ててきました。見立て（診断）の大事な役割として理解を進めて対応を考えられるようになるということがあります。現在の診断では、専門家の共通理解という役割が強調されて、前述の診断の役割が薄れさせられてしまいました。この本では、理解できるということに主眼を置いた仮説を積んできています。すべての人がこの仮説で納得ができるとは思っていません。しかし、臨床の現場で実践を積んできた中で、少なくとも保護者にとっては理解して対応ができるようになる仮説でした。ときにはこの仮説ではうまく説明できないこともあり、そのときは修正を加えようと考えてきました。どんな体験をしてきたのだろうかと考えるときにもこの仮説は有用でした。

しかしながら、この仮説にも欠点があります。ここで書いてきた発達をうまく経過した人にしか、この仮説は受け入れられないということです。後半の通じるようになって発達することと書いたことでは、まだ十分発達しきっていない人にもある程度納得してもらえるようです。しかし、自信が育っていない人、安心感が育っていない人には、間違ってもこの説明はしないでください。その人への対応法を考えるときに用いるだけにしてくださ い。この説明を受け入れることができるようになるには、あるレベル、多分甘えを受け入れられた体験のレベルぐらいまで発達をしていない限り難しいです。どんなに知的な発達が優れていても、関係性の発達の基礎の部分ができていない人にこの説明をしてはいけません。そんな人への対応法を考えるために用いる仮説です。その点を理解して、いろいろと応用してみてください。

＊あとがき

この本は自分の考えてきたことを誰も言ってくれないから、自分で書くしかないと書き始めました。自分の診察した親御さんがいろいろな本を読んでくれます。しかし、わたしの伝えたいことを書いてある本がありませんので、まずはリーフレットを作りました。それを少し補充してブックレットにし、そしてさらに継ぎ足して本としました。もっと早く作るつもりが、1年ほど遅れてしまいました。この間に2、3の場所でこの考え方を講演しました。反論を受けそうなところでは発表していませんので、受け入れていただくことができました。親御さんには受け止めてもらえることが多くて、作り上げることができたものです。

親御さんに持ってもらえるものとして作りたかったのが一番ですが、もう少し広く打ち出してもいいかと思えるようになってきました。わたし自身がいろいろな人に育てられた結果だと思います。こうして書くことができるようになるまでに、60年あまりの年月育ててもらわないといけなかったわけです。人は時間をかけて育っていくという証明です。

こうしたことを考えることで、ますます自分自身が自閉症スペクトラムの仲間だと確信を深めました。もう少しＡＤＨＤの要素が強ければ、もっと早くから打ち出すことができたかもしれないと思っています。ゆっくり育つことはけっして悪いことではありません。こんな人間もいると知ってください。

正直何とか書き上げることができてホッとしています。これも周りで協力していただいている皆さんのおかげだと思っています。

編集の森本直樹さんには見栄えのする形に仕上げていただけました。ありがとうございます。

この本でより広く育ちの支援をする人々に伝えていくようにしたいと思っています。

２０１６年８月

牧　真吉

著者紹介

牧 真吉（まき・しんきち）

日本福祉大学社会福祉学部社会福祉学科教授。1954年、名古屋生まれ。1978年、名古屋市立大学医学部卒業。1979年より、精神科医として大学病院、民間精神科病院、総合病院精神科と、精神科医療の現場に15年勤め、1995年より児童福祉センター相談課、名古屋市児童福祉センター所長を経て2015年より現職。著書に『子どもの育ちをひらく――親と支援者ができるほんの少しばかりのこと』（明石書店、2011年）がある。

自閉症スペクトラムの子どもと「通じる関係」をつくる関わり方
――言葉に頼らないコミュニケーション力を育てる

2016年9月21日　初版第1刷発行
2020年2月20日　初版第3刷発行

著　者　牧　真吉
発行者　大江道雅
発行所　株式会社　明石書店
〒101-0021　東京都千代田区外神田6-9-5
電　話　03（5818）1171
FAX　03（5818）1174
振　替　00100-7-24505
http://www.akashi.co.jp/

装　幀　明石書店デザイン室
印刷所　株式会社文化カラー印刷
製本所　協栄製本株式会社

（定価はカバーに表示してあります）　ISBN978-4-7503-4394-5